우리 가족 재난 생존법

ITSU DAISAIGAI GA OKITEMO KAZOKU DE IKINOBIRU
Copyright © Koichi Ogawa 2016
Korean translation rights arranged with WANI BOOKS CO., LTD.
through Japan UNI Agency, Inc., Tokyo
and Korea Copyright Center, Inc., Seoul

오가와 고이치 지음 | **전종훈** 옮김 | **우승엽** 감수

21세기북스

| 추천의 말 |

재난 안전지대는 없다
준비한 사람만이 살아남는다

평소와 다름없이 대부분의 사람들이 퇴근 후 집으로 돌아와 가족과 함께 느긋하게 저녁 시간을 보내고 있을 무렵, 갑자기 세상이 요동치기 시작했다. 천장에 매달린 전등이 세차게 흔들리고 주방 수납장의 유리잔과 그릇이 진동을 이기지 못하고 떨어졌다. 상점의 통유리는 산산이 부서졌고 당황한 사람들은 비명을 지르며 거리로 뛰쳐나왔다. 규모 5.8의 지진이 강타해 우리 국민 전체를 충격에 빠트린 2016년 9월 12일 저녁의 모습이다.

통화량이 폭주해 전화와 SNS는 불통이었다. 여진이 계속 이어졌고 놀란 사람들은 집을 두고 며칠씩 밖에서 천막생활을 해야 했다. 이날 진원지였던 경주 지역은 물론 전국의 국민들은 생전 처음 겪는 강한 흔들림에 놀라움을 넘어 공포를 느꼈다. 다행히 큰 피해는 없었지만 그간 지진은 우리와는 거리가 먼 일이라고만 생각했기에 그 충격은 더 컸다.

경주 지진 직후 많은 사람들이 지진 대처 방법에 대해 알고 싶어 했지만 국민안전처 홈페이지는 접속 폭주로 먹통이 되었다. 겨우 찾아낸 정부의 지진 대처법은 한 페이지 남짓한 형식적이고 단편적인 내용만 담고 있었다.

반면 지진과 태풍이 잦은 일본에선 평소 관련 정보가 널리 제공되고 있고, 대피 훈련을 체계적으로 실시하고 있다. 이것은 개인의 생존 능력으로 이어져서 실제로 재해가 닥쳤을 때 당황하지 않고 효과적으로 대처할 수 있게 하는 원동력이 된다. 이에 비하면 우리의 재해 대비 교육에는 문제가 있다.

'지진 발생 시 책상 밑으로 몸을 숨길 것.'

그간 관념적이고 형식적으로 교육해온 이 지진 대처법은 과연 적절한 것일까? 재해는 일정한 패턴을 가지고 발생하는 것이 아니라 그때그때 바뀌므로 대처법

역시 상황에 따라 즉각 달라져야 한다. 책상 밑으로 몸을 숨겨야 할 상황과 위험을 무릅쓰고 뛰쳐나가야 할 상황이 따로 있다. 즉 개인이 각 상황에 맞는 재해 대처법을 미리 알고 있어야 한다는 말인데, 이것은 누군가가 가르쳐주지 않으면 알 수 없는 정보다.

경주 지진 이후 일본 지자체의 한 방재 매뉴얼이 선풍적인 인기를 끌었는데 바로 '도쿄 방재 매뉴얼東京防災'이다. 여기에는 각 비상상황에 맞춘 정보와 대처법이 자세히 기록되어 있어 우리의 갈증을 일정 부분 해소해주었다.

이처럼 재해 대국 일본에서는 여러 재해 관련 도서와 전문가들을 통해 실전에서 사용할 수 있는 재해 생존법을 익힐 수 있는데, 전문가인 나조차 언어의 문제로 이 같은 자료에 쉽게 접근하지 못해 너무나 아쉬웠다. 다행히 국내에도 관련 도서들이 조금씩 번역되어 출판되기 시작하고 있으며, 더욱이 이 책이 발간된다는 소식을 접하고 매우 반가웠다.

이 책은 지진과 쓰나미, 태풍과 홍수, 산사태, 화산 폭발, 눈사태 등 각종 자연재해에 대하여 맞춤 정보를 제공하고 있다. 최근 전 지구적으로 지진은 물론 기상이변으로 인한 각종 자연재해가 급증하며 우리 삶을 위협하고 있다. 우리나라도 더 이상 안전지대가 아닌 만큼 이 책에 담긴 재해 관련 정보와 대처법은 그 어느 때보다 우리에게 매우 필요한 것들이다.

   도시 재난 생존법을 연구하는 사람으로서 나에게는 이런 신조가 있다. '재해, 가장 심각한 주제지만 최대한 가볍게!' 재해라는 주제는 자칫하면 무겁고 부정적으로 느껴져 아예 관심을 가지지 않게 될 수 있다. 따라서 가능한 한 가볍게 생각하고 접근하는 것이 중요한데, 이 책은 특히 '아빠 고양이와 새끼 고양이의 대화'라는 서술 방식을 사용하여 쉽고 가볍게 접근하고 있다.

   우리가 재테크를 위해 주식과 부동산을 공부하듯 재해 시 생존 방법도 평소 공부해두어야 한다. 다소 심각한 주제이지만 이 책을 통해서라면 가볍게 책장을 넘기는 것으로 시작해볼 수 있다. '생존은 셀프'란 것을 잊지 말자.

도시 재난 전문가 우승엽

| 프롤로그 |

섬나라 어느 마을에 고양이 가족이 살고 있다. 이 마을은 풍요로운 자연환경 덕분에 먹을거리 걱정은 전혀 없지만 가끔 지진이 발생하곤 한다. 어린 고양이는 지진 때문에 너무 불안했다. 그래서 만물박사인 아빠 고양이에게 물어보기로 했다.

"아빠, 최근에 지진이 자주 일어나요. 더 큰 지진이 올 것 같아서 너무 무서워요."
"그렇지. 하지만 지진이 잦은 것이 최근의 일만은 아니란다. 우리 마을에는 옛날부터 자연재해가 자주 있었거든. 그래서 준비를 잘하는 게 정말 중요하단다."

"그래도 우리가 사는 동안 집이 무너질 만큼 큰 지진이 꼭 일어나리라는 법은 없겠죠?"

"그래, 우리가 사는 동안에는 그런 큰 지진이 일어나지 않을지도 모르지. 하지만 만약 그런 일이 일어났을 때 준비가 되어 있지 않다면 큰 피해를 보게 될 거야. 그렇게 되면 무엇이 가장 슬플까?"

"음…. 집이 무너지거나 돈을 잃는 걸까요? 아니에요, 엄마, 아빠, 친구들을 못 만나게 되는 게 가장 슬플 것 같아요."

"그렇단다. 소중한 사람이 죽는 게 가장 슬픈 일이지."

"그건 절대로 안 돼요!"

"그렇지. 아무런 준비도 하지 않고 있다가 지킬 수도 있었던 생명을 잃게 되는 일은 아무도 바라지 않을 거야. 그래서 우리는 소중한 사람을 위해서라도 아무 일도 없는 지금부터 미리 준비를 해둬야 한단다."

"그렇구나! 소중한 사람을 위해서라고 생각하니까 마음이 달라지는 것 같아요! 얼른 준비해야겠다는 생각이 들어요!"

"좋아. 네가 그런 생각이 든 지금이 준비하기 딱 좋은 때야. 지금부터 함께 '방재'에 대해서 공부해보자."

| 머리말 |

여러분도 '내가 사는 곳은 괜찮아'라고 생각하고 있지는 않은가?

재해로 인명 피해가 발생했다는 소식을 접할 때마다 '피해자들은 재해에 대비하고 있었을까?', '재해에 대한 마음의 준비는 하고 있었을까?'라는 생각을 한다.

한편 살아남은 사람들은 텔레비전 인터뷰에서 "설마 이런 일이 생길 줄 몰랐다", "설마 내게 재해가 닥칠 거라고는 생각도 못 했다"라고 말한다.

나는 동일본 대지진 때 친구 한 명을 잃었다. 막상 그런 일을 당하고 나니 주변 사람과 말 한 마디 나눌 수조차 없었고, 그 슬픔을 어떻게 해야 할지도 몰라서 괴로움 속에서 하루하루를 보낼 수밖에 없었다.

그러던 중 내가 사는 곳이 지진으로 흔들리자 '내가

그 친구였더라도 살아남지 못했을 것 같다'는 생각을 하게 되었다. 위급한 상황이 닥쳤을 때, 살아남기 위한 구체적인 방법을 전혀 모른다는 사실을 깨달았기 때문이다. 재해 예방, 즉 '방재'에 대해서 전혀 인식하지 못한 상태로 살아왔다는 것을 이때 처음 깨달았다.

재해 대비로 '소중한 사람'을 지키자

이런 계기를 통해 나는 방재와 정면으로 마주했고, 재해에 대비하는 것이 얼마나 중요한지를 실감할 수 있었다. 재해가 닥쳤을 때는 방재 여부에 따라 살아남을 가능성이 크게 달라진다.

그 후 나는 방재사 자격을 취득하고 일본 전국에서 약 180회에 걸쳐 방재 강연을 하면서, 수천 명의 전국 방재 관계자와 지금까지 교류하고 있다. 그들의 이야기를 들을 때마다 '이제는 재해로 사망하는 사람이 없게 되기를…'이란 생각이 더 절실해졌다. '소중한 사람을 위해서라면 모두 재해 대비를 하고 싶어 할 것'이라 믿으며 한 명이라도 더 방재에 관심을 갖도록 하기 위해 노력하고 있다.

나는 원래 아프리카 우간다 공화국에서 홈스쿨 운영

을 지원했고, 캄보디아 에이즈 병동에서 〈그래도 운명에 '예스'라고 한다それでも運命にイエスという〉라는 다큐멘터리 영화도 제작하는 등 주로 해외에서 활동했다.

하지만 2011년 3월 11일에 일어난 전대미문의 대재해 소식을 접한 후, 나의 해외 지원 활동 경험을 살릴 수 없을까 하는 생각에 이와테 현 리쿠젠타카타 시를 중심으로 재해를 당한 지역을 방문했다. 피해 지역의 주민들과 접하며 방재의 중요성을 절감했고, 현지에서 방재활동 중이던 비영리법인 사쿠라라인311에 참가하게 됐다.

사쿠라라인311은 이와테 현 리쿠젠타카타 시에서 쓰나미가 도달한 지점에 벚나무를 심어 재해 대비의 중요성을 일깨우는 메시지를 후세에 전하는 활동을 한다. 이런 활동을 지원하며 밀착취재를 했고, 그 내용을 바탕으로 방재 다큐멘터리 〈그 마을에 벚꽃이 핀다면あの街に桜が咲けば〉을 만들었다. 그리고 각지의 방재 의식을 고취시키기 위해 일본 전국을 돌며 이 다큐멘터리를 상영하고 있다. 약 2년간 전국 171곳에서 상영했으며 어림잡아 2만 명 이상이 관람했다.

누구나 '내가 사는 곳은 괜찮아'라고 생각한다

영화를 본 많은 사람들이 재해 대비책을 세우거나 지역의 자체적인 방재 조직을 만드는 등 의미 있는 활동을 시작했다.

하지만 순회 상영을 하는 중 큰 문제가 한 가지 발생했다. 바로 많은 사람이 '내가 사는 곳은 괜찮아'라는 생각을 하고 있다는 것이다.

'여기는 재해 발생 기록도 별로 없고 안전한데….'
'내가 사는 지역은 재해가 적은 지역이라서….'

상영회를 도와준 스태프, 관람객, 공무원, 심지어 그 지역 시장까지 모두 "내가 사는 곳은 괜찮아"라고 말했다.

만약 그 말이 옳다면 일본 전국 각지에서 재해로 인한 희생자가 이렇게까지 많이 나오지는 않을 것이다.

마음속으로 '나는 괜찮아'라고 스스로 되뇌며 살아가는 것이 사람의 속성임을 통감했다. 불안감을 안고 살아가기는 힘들 테니 어쩔 수 없는 일이다. 하지만 일본의 지층에는 지진을 일으키는 활단층이 약 2,000층

넘게 있다. 태풍은 연평균 26개가 지나가고, 활화산은 110곳에 이른다. 언제 어디서 재해가 일어나도 이상할 것이 없다. 막상 재해가 발생했을 때 "설마 내가 재해를 당할 줄은 몰랐다"라고 말할 수 없는 나라에서 우리는 살고 있다.

동일본 대지진이 일어났을 때, '고베 대지진(1995년 1월 17일 고베 지역을 중심으로 일어난 대형 지진_역자 주)의 교훈을 도호쿠(동일본 대지진이 일어난 지역의 총칭_역자 주)에서 활용했는가?'라는 지적을 들은 적이 있다. 그리고 현재는 큰 재해가 일어날 때마다 '동일본 대지진의 교훈을 활용하고 있는가?'라는 질문이 꼭 화제가 된다.

'직전의 재해'에서 배우지 않더라도 일본에는 고분 시대(3세기 중반부터 7세기 말까지 약 400년간_역자 주)부터 지진 기록이 문자로 남아 있다. 1923년에는 간토 대지진으로 10만 명 넘게 사망했다. 1940년대에는 4년 연속으로 대지진이 일어나서 1,000명이 넘는 사망자가 계속 발생하기도 했다. 이렇듯 전해지지만 않았을 뿐 교훈은 이미 넘칠 만큼 많다.

안타깝지만 앞으로도 재해는 계속 일어날 것이다.

하지만 약간의 방재 지식을 익히고, 약간의 방재 대책을 마련해두기만 해도 살아남을 가능성이 크게 높아진다. 이는 틀림없는 사실이다.

이 책에서는 재해 발생 시점을 경계로 '재해가 일어나기 전에 할 수 있는 일'과 '재해가 일어났을 때 해야 할 일'로 크게 나누어, 사전에 대비해두어야 하는 일과 재해가 일어난 순간에 할 일을 정리하였다. 부디 이 책을 읽고 독자 여러분이 가족과 함께 방재 대책을 마련하거나 소중한 사람과 방재 이야기를 나눠야겠다고 생각하게 되기를 바란다. 그런 따뜻한 방식으로 방재가 퍼져나가기를 진심으로 희망한다.

다시 한 번 물어보고 싶다.

여러분도 '내가 사는 곳은 괜찮아'라고 생각하고 있는가?

오가와 고이치

| 차례 |

추천의 말 · 4

프롤로그 · 8

머리말 · 10

재해가 일어나기 전에

제1장 | 재해 심리를 알자

재해가 발생하면 사람은 어떻게 생각하고 행동할까? · 22

재해 심리 ① 정상성 바이어스
'괜찮아. 난 위험하지 않아' · 24

재해 심리 ② 꼼짝 못 하는 증상
'어…, 어떡하지…?' · 28

재해 심리 ③ 왔던 곳으로 되돌아가는 증상
'지금이라도 귀중품을 가지러 돌아가자' · 32

재해 심리 ④ 다수파 동조 바이어스
'다 함께 있으니까 괜찮아' · 36

재해 심리 ⑤ 포기해버리는 증상
'이제 됐어. 죽을 때가 되면 죽는 거야' · 41

칼럼 1 '비상구'가 녹색인 이유는? · 46

제2장 | **재해에 강한 공간을 만들자**

재해 심리를 알아도 집이 무너지면 소용이 없다 • 50

건물을 튼튼하게 만든다 • 52

방의 안전성을 높인다 • 57

칼럼 2 '방재사'는 어떤 자격일까? • 70

제3장 | **소중한 사람과 함께 해보자**

'실천 가능한 재해 대비책'을 소중한 사람과 함께 배우려면? • 72

식품과 소모품을 '일상 비축' 하자 • 74

'재해용 전화 사서함'을 사용하여 안부를 확인하자 • 78

'응급처치'는 꼭 기억해둔다 • 82

'방재 지도'를 들고 직접 걸어보자 • 91

가족과 함께 '방재 체험관'에 가자 • 94

'지역'과 연계한다 • 98

재미있는 방재 게임 • 100

재해가 일어났을 때

제4장 ## 지진

지진 대국 일본 · 106

지진이 일어났을 때 행동 요령 · 112

화재에 주의한다 · 117

칼럼 3 '방재의 날'과 '쓰나미 방재의 날' · 123

제5장 ## 쓰나미

'예상치 못한' 큰 재해에는 어떻게 대처할까? · 126

쓰나미가 발생했을 때 행동 요령 · 130

알아두면 유용한 쓰나미 기본 지식 · 134

칼럼 4 아프리카의 청년 · 137

제6장 ## 태풍과 홍수

주변 곳곳에 숨어 있는 풍수해 · 140

큰비가 내렸을 때 행동 요령 · 143

이류가 발생했을 때 행동 요령 · 148

위험이 닥치기 전에 피한다 · 153

칼럼 5 피난은 부끄러운 일이 아니다 · 159

제7장 | 화산 폭발

일본은 세계에서 손꼽히는 화산 국가 • 162

화산이 일으키는 재해 • 165

화산이 분화했을 때 행동 요령 • 169

제8장 | 폭설

지구 온난화로 잦아진 폭설 • 174

눈이 많이 내렸을 때 행동 요령 • 175

눈이 많이 내렸을 때는 눈사태도 조심 • 179

🐱 단편적인 재해 대피 교육의 문제점 • 182

맺음말 • 184

🐱 에필로그 • 188

참고 자료 • 190

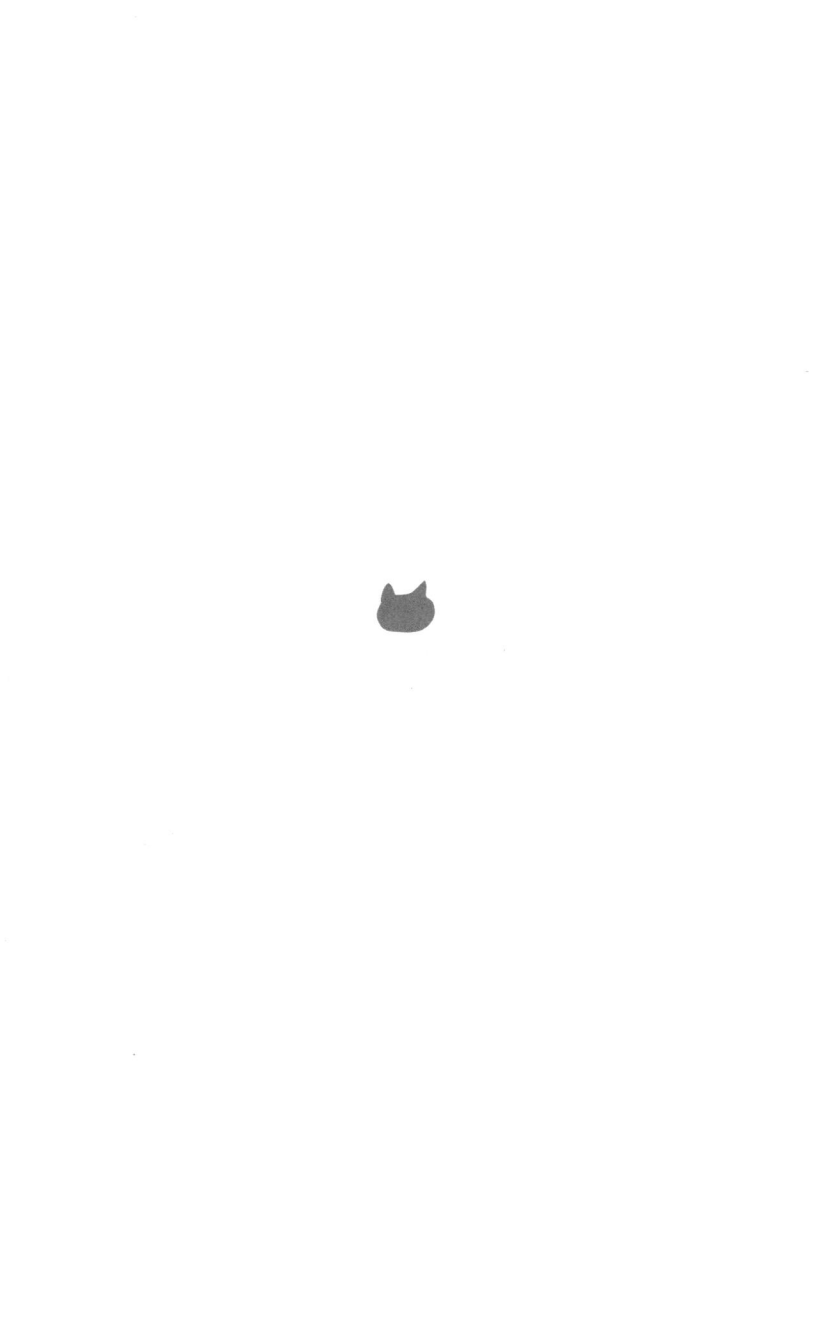

| 제 1 장 |

재해 심리를 알자

재해가 발생하면 사람은
어떻게 생각하고 행동할까?

 우선 우리가 가장 먼저 해야 할 것은 '재해 심리를 아는 것'이다. 재해가 일어난 순간, '재해 심리를 알고 있는지'가 생사를 가른다.

 재해 심리는 자연재해(지진, 쓰나미, 화산 분화, 태풍 등)와 인위재해(화재, 테러, 교통사고 등)가 일어났을 때 사람의 심리가 어떻게 작동하는지를 알려준다. 재해 심리에서는 재해 발생을 전후한 심경의 변화, 오랫동안 남아 있는 마음의 상처에 대한 분석, 재해 예방 및 2차 피해 확대 방지와 같은 폭넓은 주제를 다룬다.

 그중에서도 이 책에서는 방재력을 기르기 위해 꼭 필요한 '재해 예방을 위한 재해 심리'에 대해 소개한다.

스스로 심리·행동을 조절한다

 재해 예방에 있어서 재해 심리는 어떤 의미가 있을까? 재해 심리란 재해가 일어났을 때 사람이 '어떤 심리 상태에 빠지는지', '어떤 행동을 보이는지'를 말한다. 즉 재해 시 '가질 법한 생각', '할 것 같은 행동'을 의미한다.

우리는 과거 재해 사례를 통해 재해가 일어났을 때 많은 사람이 빠지기 쉬운 심리 상태와 하기 쉬운 행동을 파악할 수 있다. 평소 이에 대해 알아두고 실제로 재해가 발생했을 때 잘 활용할 수 있다면 방재력이 높다고 할 수 있다.

재해 심리를 알고 있다면 '아, 내가 지금 그 심리 상태에 빠져 있구나', '어? 지금 내 행동, 나쁜 사례로 소개된 것 아니었나?'라고 알아차림으로써 스스로 심리와 행동을 바로잡을 수 있다.

그러므로 '이런 상황에서는 이렇게 생각하기 쉬워. 하지만 그런 심리에 빠지지 않도록 조심해야지' 하는 마음이 바로 들도록 사례를 머릿속에 많이 담아두자.

재해 심리 ❶ 정상성 바이어스
'괜찮아. 난 위험하지 않아'

대표적인 재해 심리에 '정상성 바이어스normalcy bias'가 있다. 인간은 재해나 안 좋은 사건에 휘말렸을 때, 본인에게 불리한 정보를 무시하거나 과소평가하는 특성이 있다. 많은 재해 사례를 보면 이런 정상성 바이어스가 큰 영향을 미친다. 정상성 바이어스는 '정상화 편견', '항상성 바이어스'라고도 부른다.

위험한 상황을 '정상'으로 판단한다

인간은 불안감을 느끼며 살아가는 것에 익숙하지 않다. 이런저런 걱정을 하면 정신적으로 병들게 되므로 어떻게든 자신을 안심시키면서 생활한다. 이런 태도가 결코 나쁜 것은 아니며 오히려 사람에게는 꼭 필요한 기능이다.

하지만 이런 정상성 바이어스 때문에 긴급한 한계 상황을 '정상 범위'로 받아들이는 문제가 발생한다. 즉

특징
- 자신에게 불리한 상황을 무시한다.
- 정신 건강을 유지하기 위한 인간의 본능이다.
- 위급한 상황에서 탈출이 늦어진다.

위험이 닥쳐와도 '괜찮아, 평소와 같아. 난 안전해'라고 생각하기 쉽다는 이야기다.

정상성 바이어스 때문에 피난 권고가 내려져도 전혀 대피하지 않다가 정말 생명이 위험한 상황이 닥치면 그제야 비로소 대피한다. 이처럼 때를 놓치는 사례가 자주 보고되는데, '머리말'에서 소개한 '내가 사는 곳은 괜찮아'라고 생각하는 문제도 정상성 바이어스와 비슷하다고 할 수 있다.

내가 사는 곳은 재해가 발생했던 적이 별로 없으니까 괜찮아. 내가 사는 곳은 지반이 튼튼하니까 괜찮아. 내가 사는 곳은 지자체가 방재에 힘쓰고 있으니까 괜찮아. 이처럼 '재해의 위험성'이라는 불편한 정보를 무시하고, 낙천적인 이유를 늘어놓으며 정상화를 꾀하는 것이다.

정상성 바이어스는 재해가 일어났을 때만 발휘되는 것은 아니다. 몸에 매우 나쁜 영향을 미친다고 잘 알고 있는 담배에도 정상성 바이어스가 작용한다.

'바로 죽는 것도 아닌데 괜찮아.' '흡연해도 장수하는 사람도 있으니까 괜찮아.' 이로 인해 많은 사람이 담배의 해악에서 눈을 돌린 채, 끊지 않아도 괜찮은 이유만 늘어놓으며 살고 있다.

위험한 것은 '재해'가 아니라 '자신의 생각'

프랑스 철학자 장 자크 루소는 '자연은 결코 우리를 속이지 않는다. 우리를 속이는 것은 언제나 우리 자신이다'라는 유명한 말을 남겼다.

재해 그 자체가 우리에게 위험을 주는 것은 사실이지만, 우리 안의 위기의식 결여야말로 재해 이상으로 우리를 위험에 몰아넣는다는 사실을 알아야 한다.

재해가 일어날 때마다 "예상하지 못한 일이었다", "설마 이렇게 될 거라고는 생각하지도 못했다"는 이야기를 듣지만, 그것은 스스로 만들어낸 상황에 불과하다.

정상성 바이어스가 마음속에 강하게 뿌리내리고 있다는 것을 분명하게 확인하고, 재해를 가볍게 여기지 않도록 주의해야 한다.

재해 심리 ❷ 꼼짝 못 하는 증상
'어…, 어떡하지…?'

재해가 일어났을 때 사람은 어떻게 행동할까? 영국에서 발표한 통계를 보면 아주 흥미로운 사실을 알 수 있다. 심리학자 존 리치John Leach의 연구 결과에 따르면 재해를 당했을 때 사람의 행동은 다음과 같은 세 부류로 나뉜다고 한다.

1. 침착하게 행동한다 – 약 10~15%
2. 제정신을 잃고 울부짖는다 – 약 15%
3. 망연자실하고 당혹해서 꼼짝 못 한다 – 약 70~75%

이 결과는 얼마나 많은 사람이 충격에 빠져 망연자실해서 아무런 조치도 취하지 못하는지를 보여준다. 예상하지 못했던 급격한 상황 전개를 뇌가 쫓아가지 못해서 '꼼짝 못 하는 증상'을 보이는 것이다.

특징

- 패닉(혼란 상태)에 빠지는 사람은 뜻밖에 적다.
- 대부분이 충격에 빠져 꼼짝 못 한다.
- 침착한 상태인 사람이 대화를 유도해서 꼼짝 못 하는 상태에서 벗어나게 해야 한다.

꼼짝 못 하는 상태가 되면 '살아남을 기회'를 놓친다

한 예로, 1977년 스페인 테네리페 공항 활주로에서 대형 비행기가 서로 충돌하여 600명 넘는 사망자가 발생했다. 이 사상 최대의 항공 사고에서 살아남은 사람은 "많은 사람이 마치 얼어붙은 듯이 꼼짝 못 해서 탈출 기회를 놓쳤다"고 증언했다고 한다.

꼼짝 못 하고 있는 시간은 사람마다 다르다고 하지만 재해의 위급 정도가 심할수록 순간의 머뭇거림이 생명을 앗아갈 가능성이 커진다.

이처럼 꼼짝 못 하는 증상의 원인 중 하나에는 앞서 소개한 정상성 바이어스가 있다. 거짓말처럼 들릴지도 모르지만, 자신이 처한 현실을 받아들이지 못하고 불리한 상황을 무시하려고 하기 때문에 몸을 움직이지 못하게 되는 것이다.

그리고 또 다른 원인은 '눈앞의 위기상황을 마주했을 때 어떻게 행동해야 할지 모른다'는 것이다. 이런 경우에는 '먼저 머리를 보호하고 바로 밖으로 나간다'와 같은 방재 지식을 익혀두면 누구라도 그렇게 행동할 수 있다. 이처럼 상황별 대처 지식을 갖추기만 해도 한 걸음 먼저 안전한 판단을 하고 행동할 수 있다.

만약 위기상황임에도 불구하고 아무런 행동도 취하지 못하는 사람이 주변에 있다면 그 상태에서 빠져나오게 해야 한다. 몸을 흔들거나 큰 소리로 말을 걸거나, 혹시 분초를 다투는 상황이라면 뺨을 때리는 것 같은 거친 행동이라도 해야 한다. 어떻게든 시간이 허락하는 한 제정신을 찾도록 노력해야 한다.

한편 제정신을 잃고 울부짖는 사람은 15퍼센트 이하라는 사실을 통해, 사람은 그렇게 쉽게 패닉에 빠지지는 않는다는 것을 알 수 있다.

하지만 사람들이 패닉에 빠지는 것을 지나치게 두려워한 나머지, "침착하게 행동하세요" 같은 안내 방송을 하는 곳이 매우 많다고 한다. 꼼짝 못 하는 대다수의 사람에게는 이런 말보다 '높은 곳으로 피난할 것', '화재 초기 진압'과 같이 무엇을 해야 하는지 구체적인 키워드로 분명하게 전하는 것이 중요하다.

재해 심리 ❸ 왔던 곳으로 되돌아가는 증상
'지금이라도 귀중품을 가지러 돌아가자'

 '되돌아가는 증상'도 재해 심리의 대표적인 사례다. 귀중품이나 잃어버린 물건을 가지러 위험한 장소에 다시 돌아가는 심리를 말한다. 특히 쓰나미가 덮칠 위험이 있는 장소에 돌아가는 것은 매우 위험하여 치명적인 사태를 초래할 수 있다.

 2011년 동일본 대지진에서도 생존자들에게서 "귀중품을 가지러 돌아가서는 다시 돌아오지 못한 사람이 있다"는 증언을 많이 들었다. 심지어 일단 높은 곳으로 안전하게 피난했음에도 불구하고 이제 안전하다고 판단한 나머지 귀중품을 가지러 돌아간 사람도 있었다고 하니 정말 가슴 아픈 이야기다.

'쓰나미가 오면 욕심 따위는 버리고 도망쳐라'

 이처럼 되돌아가는 증상에 대해 '기념비' 형태로 선인들이 남긴 메시지가 있는데 이는 오늘날의 우리에게

특징
- 귀중품이나 잃어버린 물건을 찾으러 위험한 곳으로 되돌아간다.
- 위험하다는 것을 알면서도 상황을 확인하러 되돌아가고 싶어한다.
- 사람은 누구나 욕심이 있기 때문에 이 같은 행동을 한다.

주는 일종의 경고다. 지진, 쓰나미, 화재와 같은 대규모 재해에서 얻은 교훈을 후세에 전하기 위해 만든 기념비가 일본 각지에 존재한다.

예를 들어 교토 부 미야즈 시에는 701년에 다이호 지진이 일어난 후 지상 40미터 지점에 만든 비석(나미세키 지장 사당)이 아직 남아서 쓰나미의 위험을 전해주고 있다.

도호쿠 지방에서도 마찬가지다. 주요 기념비로는 1896년 6월 15일에 일어난 메이지 산리쿠 대형 쓰나미와 1933년 3월 3일에 발생한 쇼와 산리쿠 대형 쓰나미의 비석이 남아 있다. 동일본 대지진 직후에 많은 화제를 불러일으키기도 했던 비석이다.

이와테 현 리쿠젠타카타 시에서는 히로타 지구 한 곳에 7개 정도의 비석이 있다. 이 비석을 읽어보면, 메이지 산리쿠 대형 쓰나미로 말미암아 이곳에서만 552명이 사망했다는 내용이 기록되어 있어서 그 재해의 크기를 짐작할 수 있다.

그리고 '낮은 지역에 집을 짓지 마라', '쓰나미가 오면 민첩하게 높은 곳으로 이동하라'와 같은 여러 교훈도 기록되어 있는데, 그중 특히 인상적이었던 글이 다른 비석에도 있었다. '쓰나미가 오면 욕심 따위는 버리고 도망쳐라', '절대 돌아가지 말라'는 선인들의 강렬한 메시지다. 위험한 곳으로 되돌아가는 사람이 옛날에도 있었다는 사실을 알 수 있다.

이와 같은 재해의 역사와 메시지를 보면 우리가 '위험한 곳으로 되돌아가는' 행동을 하기 쉽다는 것을 실감할 수 있다. 나는 이런 내용을 안 뒤 긴급한 상황에서는 위험한 곳으로 절대 돌아가지 않겠다고 다짐했다. 만약 이런 내용을 전혀 알지 못한 상태로 일상 속에서 재해를 만난다면 아무렇지 않게 위험한 곳으로 되돌아갈지도 모른다.

모든 사람에게는 욕심이 있기 때문에 귀중품을 되찾고 싶은 마음이 드는 것은 어찌 보면 당연하다. 하지만 생명보다 소중한 것은 없다. 평소에 생명 외의 것에 대한 욕심은 버릴 각오를 해야 한다.

자신이 중요한 것을 찾으러 위험한 곳에 되돌아가려 한다는 것을 알아차렸다면 우선 안전한 장소로 가서 위험을 피하며 대기해야 한다. 그리고 주변에 위험한 곳으로 되돌아가려는 사람이 있다면 어떻게 해서든 말려야 한다.

재해 심리 ❹ 다수파 동조 바이어스
'다 함께 있으니까 괜찮아'

인간은 집단생활을 하며 다른 사람과 협조하면서 문명을 발전시켜왔다. 반면 주변 사람에게 지나치게 동조해서 재해 시 위험한 상황에 빠지는 예도 있다.

이것을 심리학에서는 '다수파 동조 바이어스'라고 한다. 자신 말고도 많은 사람이 있을 때, 혼자라면 할 수 있었던 행동을 하지 못하게 되는 심리 상태를 말한다.

'분위기를 맞추려다' 목숨을 잃는다

재해가 발생했을 때, 혼자라면 스스로 판단해서 행동하지만 주변에 다른 사람이 있을수록 '함께 있으니까 괜찮아'라는 안도감 때문에 피난 행동이 늦어지는 경향이 있다.

그리고 '나 혼자만 수선 떨면서 도망치는 것은 부끄럽다'는 생각에 주변의 눈치를 보다가 결국은 대피 시기를 놓치는 사례도 있다. 흔히 말하는 '분위기 파악'

이라는 것이다.

다음에 소개하는 이야기를 읽으면 '분위기를 맞추려는 경향'에 대해 잘 이해할 수 있을 것이다.

태양이 내리쬐는 8월의 어느 날이었다. 미국 텍사스주에 거주하는 한 가족이 느긋하게 쉬고 있었다. 그중 한 명이 별 뜻 없이 53마일 떨어진 애빌린으로 여행을 가자고 제안했다. 나머지 가족 모두 '귀찮은데'라고 생각하면서도 '혹시 다들 가고 싶어 하는데 나만 귀찮다고 생각하는 거 아닐까?'라는 생각에 아무도 반대하지 않았다. 애빌린까지 가는 길은 너무 덥고 건조해서 매우 불쾌했다. 제안한 사람을 포함해서 누구도 가고 싶어 하지 않았다는 사실을 모두가 알게 된 것은 집으로 돌아온 후였다.

본인만 의견이 다를 것이라 단정해버린 나머지 집단적인 결정에 대해 아무도 반론을 제기하지 않았기 때문에 집단이 잘못된 방향으로 행동하게 되는 현상, 이것을 '애빌린의 역설Abilene Paradox'이라고 한다. 그런데 재해가 일어났을 때 모든 사람이 '다들 괜찮아 보이네. 나 혼자 수선 떨어봤자 부끄러울 뿐이니 나도 얌전히 있어야지'라고 생각해버린다면, 애빌린의 역설에서처럼 '가고 싶지도 않은 여행을 가는' 정도로 끝나지 않는다.

우리는 '분위기 파악'이라는 행동에 익숙해서 항상 다른 사람의 눈을 신경 쓰다 보니, 때로는 자신의 의사 결정조차도 주변의 시선에 의지하는 경향이 있다. '모두 함께 있으니까 괜찮아'가 아니라 '모두 함께 있어서 위험에 빠지는 순간도 있다'는 사실을 자각할 수 있어야 한다.

'다수에 동조하는 심리'를 역이용한다

반면 이런 다수파 동조 바이어스를 역으로 이용해서 좋은 방향으로 이끌 수도 있다.

여러 사람이 함께 있으면 안심하거나 서로 견제하는 경향이 있지만, 한 사람이라도 '여기는 위험해요! 도망칩시다!'라고 외치며 달리기 시작하면, 거기에 동조해서 줄줄이 움직이기 시작하는 사례도 많다. 이를 '펭귄 효과'라고 한다.

유명한 사례로, 동일본 대지진이 일어났을 때 이와테 현 가마이시 시에서는 중학생들이 피난을 주도하여 어른들을 이끌고 높은 곳으로 대피했다. 중학생들이

특징
- 주변에 많은 사람이 있으면 주변 사람들의 분위기에 맞추려고 한다.
- 위험한 상황에서도 '다 함께 있으니까 괜찮아'라고 생각한다.
- 혼자서 수선 떨면 부끄럽다는 심리가 작용한다.

소리치며 높은 곳을 향해 달려가는 모습을 보고 피난을 결정했다는 어른도 실제로 있었다. 이 중학생들의 행동으로 살아남은 사람이 적지 않았다.

물론 분위기를 파악하여 주변 사람들에게 협조 행동은 매우 중요하고, 조화롭게 살기 위해 꼭 필요할지도 모른다. 하지만 재해가 발생했을 때는 '분위기를 파악하는 데 신경쓰기보다는 피난을 이끄는 사람'이 되길 바란다.

재해 심리 ❺ 포기해버리는 증상

'이제 됐어. 죽을 때가 되면 죽는 거야'

앞서 설명한 대로 사람은 여러 핑계를 대며 재해에 관해 생각하기를 꺼린다. 그중에서도 지금까지의 심리와는 조금 다른 성질을 가진 것이 있다. 이것은 특히 고령자에게서 많이 볼 수 있는 '포기'하는 심리다.

'포기'는 '더 이상 희망이나 가망이 없어 보이니 그만둔다'는 것이다. 하지만 재해는 단단히 대비하면 할수록 그만큼 살아남을 가능성이 커진다. 그런데도 가망이 없다고 생각해서 단념하는 사람이 많다.

포기하는 것이 '올바르다'?

내가 도쿄 거리에서 방재 인터뷰를 했을 때도 많은 노년층이 "재해가 일어나면 그냥 포기하겠다"라고 대답했다.

이런 심리는 정상성 바이어스가 변형된 형태라고도 할 수 있다. 심지어 "난 이제 충분히 살았으니까" 혹은

"피난할 때 거치적거리는 존재가 될 테니까"라고 말하는 사람도 있었다. 여러 이유를 늘어놓고 위험에서 눈을 돌리며 '포기하는 것이 맞아'라고 자신에게 말하는 것처럼 보였다.

실제로 일본 각지에서 방재 강연을 하면서 이 인터뷰를 소개하면 많은 노년층 참석자들이 매우 공감한다는 듯이 고개를 끄덕였다.

포기한 그다음을 상상해보라

포기하는 것은 본인의 자유이니 이래라저래라 강요할 수는 없다. 하지만 포기한 그다음을 상상해보길 바란다.

포기하면 어떤 일이 일어날까? 가까이 있던 사람들이 구하러 올 것이고, 가족들이 구하러 올 것이다. 주변 사람들이 말려들 것이란 점은 분명하다.

인간은 위기상황에 직면하면 '내 목숨을 던져서라도 다른 사람을 돕고 싶다'는 생각에 이타적인 행동을 취하는 경향이 있다고 한다. 그 다른 사람이 가족이나 친구, 애착을 가진 지역의 주민이라면 더 말할 것도 없다.

그런데 포기하겠다고 고집을 피운다면 이를 말리려

특징
- 노년층에서 많이 나타난다.
- 대피할 때 짐이 되고 싶지 않다는 마음에서 비롯된다.
- 재해 발생 시 다른 사람을 위험에 말려들게 한다.

는 사람들과 실랑이를 벌이다 결국은 구하러 온 사람도 함께 피난 기회를 놓치게 된다.

고령자 사이에 만연하는 '포기해버리는 증상'

동일본 대지진 때, 포기하겠다고 고집을 부리던 할머니를 겨우 설득해서 피난을 결심하게 하기까지 20분 정도의 시간이 걸렸다는 소방대원의 증언을 들은 적이 있다. 쓰나미가 덮치기까지 40분에서 한 시간밖에 시간이 없던 상황이었는데 두 사람 모두 무사해서 정말 다행이었다.

반면 피난하지 않으려는 사람을 구하러 가서 결국 돌아오지 못한 사람도 있다. 이런 설득이 그날 여러 곳에서 일어났을 것을 생각하면, 사전에 포기하지 않도록 설득해뒀어야 한다는 안타까운 마음이 든다.

우리는 '재해가 일어나면 그냥 포기해야지'라고 생각하는 노인들이 매우 많다는 상황을 더 심각하게 받아들여야 한다.

나는 초·중·고교에서 방재 강연을 할 때마다 "여러분의 할아버지, 할머니가 혹시라도 포기한다고 말씀하시면 '저도 같이 희생되는데 괜찮아요? 저는 반드시 구하러 간다니까요. 제가 희생당해도 괜찮아요?'라고 말하세요"라는 이야기를 덧붙인다.

  손자가 말려들더라도 포기하고 싶다고 생각할 사람은 없을 거라 믿는다. 소중한 사람에게 포기하지 말고 재해에 맞서자는 이야기를 들으면 용기를 갖게 되는 사람도 많을 것이다. 아이들의 한 마디로 포기하지 못하는 할머니, 할아버지가 늘어나길 바란다.

  그리고 포기하지 않겠다는 결심의 다음 단계로, 실제 재해에 직면했을 때 구체적으로 어떻게 피난할지를 준비해야 한다. 이웃 사람들 또는 가족과 협력하여 착실하게 준비해두기를 바란다.

칼럼 1

'비상구'가 녹색인 이유는?

누구나 비상구 표지판을 본 적이 있을 것이다. 사람이 달리는 자세가 인상적인 이 비상구 표지판의 배경은 왜 녹색일까?

비상구 표지판의 정식 명칭은 '피난구 유도등'이다. 화재나 지진과 같은 긴급상황 발생 시에 안전하게 피난할 수 있도록 문 위에 설치해서, 화염이나 연기로 시야 확보가 어려울 때나 정전으로 주변이 보이지 않을 때 큰 역할을 한다.

이런 용도로 사용할 유도등이라는 것이 녹색을 사용하는 가장 큰 이유다. 무슨 말이냐면, 녹색은 붉은색의 보색이기 때문이다.

보색이란 색상환에서 가장 반대쪽에 있는 색으로 서로 돋보이게 만들어 주는 효과가 있다. 그래서 붉은 화염 속에서도 녹색인 비상구는 눈에 잘 띈다.

피난구 유도등

또 다른 표지판으로 비상구의 위치를 알려주는 백색 표지도 있다. 이 표지의 정식 명칭은 '통로 유도등'이다. 녹색인 비상구가 어디에 있는지를 알려주기 위해 비상구까지의 경로를 표시한다. 녹색이어야 하는 것 아니냐고 생각하는 사람도 있을지 모르겠지만, 이 표지가 백색인 것에도 이유가 있다. 그 이유는, 녹색 비상구가 어디에 있는지를 가리키는 녹색 화살표를 강조할 수 있기 때문이다.

비상구 표지의 색이나 밝기에 대해서는 소방청이 '유도등 및 유도표지 기준'에서 규정하고 있으며, 여러 녹색 중에서도 특히 효과가 있는 녹색으로 지정하고 있다.

비상구 표지판이 있으면 피난할 때 마음이 든든한 것에도 이유가 있었던 셈이다.

통로 유도등

| 제 2 장 |

재해에 강한 공간을 만들자

재해 심리를 알아도
집이 무너지면 소용이 없다

 제2장에서 소개하는, 재해가 일어나기 전에 할 수 있는 일은 '재해에 무너지지 않는 공간을 만든다'는 것이다.

 우리 대부분은 일상을 '집'이나 '근무지'에서 보낸다. 그러므로 그 공간 자체에 위험 요소가 있어서는 안 된다.

 모처럼 방재 가방을 준비했는데, 가구를 고정해두지 않아서 크게 다친다면 아무 의미가 없다. 심지어 애써 재해 심리를 배웠는데, 집이 지진에 취약해 무너져내려 그 아래에 깔려버리면 이 또한 아무 의미가 없다.

 집이나 근무지가 재해에 안전한 공간이 되도록 하는 것은 안심하고 일상을 유지하기 위해서도 매우 중요한 부분이다.

대비만 잘하면 집 안에서 재해를 피할 수도 있다

 게다가 집이 지진에 꿈쩍도 하지 않을 정도로 튼튼

하고, 일상용품이 적절히 비축되어 있다면 대피소로 가지 않고도 자신의 집 안에서 재해를 피할 수 있다는 장점도 있다.

대피소 생활은 사생활 보호나 위생 면에서 많은 스트레스를 받을 수밖에 없으니 재해 발생 후에도 익숙한 공간에서 생활할 수 있다면 이보다 더 나은 것이 있겠는가.

이번 장에서는 '건물을 튼튼하게 한다'와 '방을 안전한 공간으로 만든다'라는 두 가지 항목으로 나누어서 재해에 무너지지 않는 공간을 만들기 위해 필요한 것들에 대해 이야기하겠다.

이는 다만 가구 하나를 고정한다고 끝나는 것이 아니다. 대책은 아무리 세워도 끝이 없다. 모든 대책을 일일이 실행하려면 정신이 아찔해질 정도로 할 일이 많으니 하나씩 착실하게 준비한다는 마음으로 시작해야 한다. 침실과 거실처럼 소중한 사람과 오래 시간을 보내는 공간부터 방재력이 높은 공간으로 만들어가자.

건물을 튼튼하게 만든다

아무리 가구를 단단하게 고정해도 집이 무너져버리면 가구가 쓰러지는 것은 순식간이다. 그러므로 먼저 자신이 사는 집의 내진 강도가 어느 정도인지를 아는 것이 중요하다.

특히, '새로운 내진 기준'이 시행된 1981년 6월 이전에 건축된 건물은 강한 지진에 매우 취약하다(한국의 내진 법규는 1988년부터 적용되기 시작했으며, 1995년 이후에는 6층 이상 건물에, 2005년부터는 3층 이상 건물에, 2017년부터는 2층 이상 건물에 적용되도록 법규가 바뀌었다_감수자 주).

일본 국토교통성이 2013년에 발표한 자료에 따르면, 내진성이 없다고 판단된 건물이 전국적으로 900만 동에 달한다고 한다. 이는 전체 건물의 18퍼센트에 해당하며, 건물 다섯 동 중 한 동이 내진 기준에 미달된다는 이야기다(현재 우리나라 건물의 내진 설계율이 30퍼센트 정도라고 하지만 아파트와 빌라처럼 한 건물에 많은 사람들이 모여 사는 우리의 현실을 반영한 수치는 아니다. 실제 국내 건축물 700만 동 기준 내진 건물 비율은 고작 7퍼센트에 불과하다_감수자 주).

집이 무너지면 그 아래에 깔려 인명 피해가 발생하기 쉽다. 단순하게 계산해서 900만 세대의 가족이 그런 위험을 안고 생활하고 있다고 할 수 있다.

더 놀랄 만한 것은 학교와 병원, 백화점과 같이 많은 사람이 이용하는 일정 규모의 시설 중에서 내진성이 부족하다고 판정받은 건물이 6만 동이나 된다는 사실이다.

많은 사람이 이용하는 장소인 이상, 가장 먼저 내진 보강을 시행하는 것이 당연한데도, 시설 이용자의 생명이 위험에 노출된 채로 운영하는 시설이 일본 전국에 6만 동이나 있다는 것은 정말 무서운 일이다.

낡은 건물이라도 '진도 7'을 견디는 방법

낡은 건물일지라도 벽에 구조용 합판을 제대로 넣거나 기둥 사이에 버팀목을 넣는 것만으로도 큰 폭으로 지진의 충격을 줄일 수 있으며, 심지어 진도 7(수정 메르칼리(MM) 진도 기준 10단계 이상)의 지진도 견딜 수 있다.

최근에는 비용을 크게 들이지 않고 할 수 있는 '1실 보강'이라는 것도 있다. 이는 집에서 방 하나만 튼튼하게 보강공사를 하는 것인데, 이것만으로도 충분한 효과가 있다고 한다. 보강된 방이 중심이 되어 집이 완전히 파괴되는 것을 막을 수 있고, 그 방에 들어가 있으면 살아남을 가능성이 크게 높아진다.

내진 보강이라고 하면 건물 자체에만 해당하는 것으로 생각하기 쉬운데, 집을 둘러싸고 있는 시멘트 블록 담이나 문에 대한 보강도 검토해야 한다.

시멘트 블록 담이 대지진에 의해 무너지면 지역 주민의 목숨을 위협할 수도 있다. 만약 집 앞이나 초등학교 통학로에 있는 시멘트 블록 담이 충분히 견고하지 않다면 매우 중대한 책임 문제가 될 수 있다. 펜스나 산울타리처럼 다른 자재로 바꾸거나, 시멘트 블록 담의 보강공사를 시행하도록 하자(국내의 기존 주택에 대한 지진 보강 방법에는 내진법, 제진법, 면진보강법이 있다_감수자 주).

보강에 필요한 비용은 10만 엔부터 200만 엔 정도까지라고 한다(우리나라의 경우 내진 보강 비용은 기존 건축물의 경우 1평방미터당 9만~19만 원 정도며, 신축 건축물은 공사비의 1~3퍼센트 정도가 추가되는 것으로 추정된다_감수자 주).

2~3개월의 기간이 필요한 경우가 많지만, 최근의 기술이라면 보강공사 내용에 따라 거주하면서 공사를 진행할 수도 있다. 본인의 예산과 사정에 맞는 보강공사를 하도록 하자(우리나라에도 많은 내진 보강 전문업체가 있으며 다양한 공법과 재료를 선택할 수 있다. 내진 기술의 발달로 구조물 보강과 외부 내진 댐퍼 설치 등 여러 방법으로 시공이 가능하며, 특히 학교의 경우는 구조물 색상도 다채로워서 내진 보강 제품임을 알아차리기 힘들 정도다_감수자 주).

각 가정에서 세우는 방재 대책 중에서, 내진 보강은 금전적 부담이 가장 크다. 이 때문에 내진 보강을 내켜 하지 않는 사람들도 많을 텐데, 지자체에 따라서는 보조금을 지급하는 곳도 있으니 보조금을 받을 수 있는지 거주하는 지자체와 상담해서 내진 진단을 받아보길 권한다(우리나라의 경우 오래된 민간 건축물의 내진 보강을 유도하기 위해 지방세특례제한법에 따라 취득세 및 재산세 감면 혜택을 제공하고 있다_감수자 주).

그리고 일반재단법인 일본건축방재협회 홈페이지에서 '누구나 할 수 있는 우리 집 내진 진단'이라는 것을 다운로드해서 직접 내진 진단을 할 수도 있다.

아주 간단한 설문이므로 진단의 정확도는 부족할지

모르겠지만, 건물의 내진성에 관해 중요한 부분이 무엇인지 알 수 있으므로 내진 진단을 시작하기에 좋은 자료라고 생각한다. 지자체와 상담하여 내진 진단을 받는 것이 쉽지 않을 것 같다면 우선 이런 자료를 접해보는 것도 좋다(서울시 건축물 내진성능 자가점검 사이트 http://goodhousing.eseoul.go.kr/SeoulEqk).

방의 안전성을 높인다

건물을 튼튼하게 하는 것과 함께 각 방을 안전한 공간으로 만드는 작업 또한 중요하다. 실내에 있는 가구와 도자기 등 무겁거나 예리한 물건은 큰 지진이 발생하면 흉기가 될 수 있다.

'가구 고정'이란 말을 들어본 적이 있을 것이다. 가구가 흉기가 되어 날뛰지 못하도록 고정해두도록 하자.

가구를 재배치한다

다만 가구를 고정하기에 앞서 먼저 '가구를 재배치'할 필요가 있다. 예를 들어 침대 위로 다른 가구가 쓰러지지 않게 방지하는 것은 매우 중요하다. 가구가 쓰러지는 방향을 바꾸는 것만으로도 큰 의미가 있다.

또한 대피 동선 위로도 가구가 쓰러지지 않도록 해야 한다. 출입문 근처에 큰 가구를 두면 쓰러진 가구가 출입문을 가로막아 실내에 갇힐 위험이 있다. 그러므

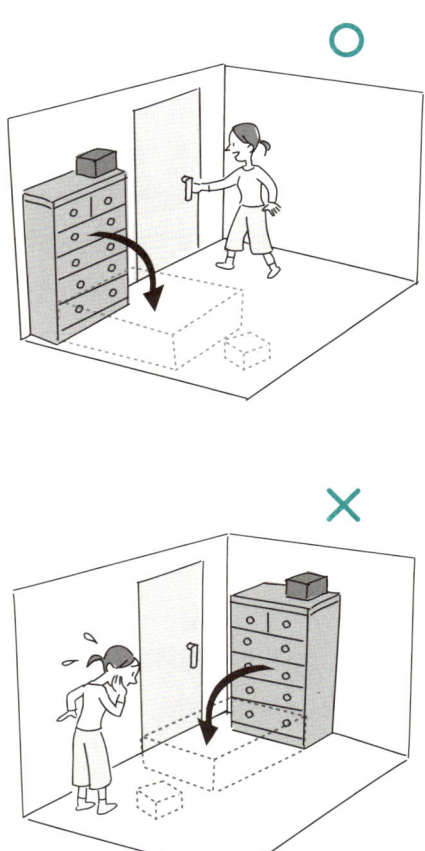

로 위험한 상황이 발생하지 않도록 가구 배치를 재검토해야 한다.

큰 가구를 다시 배치하는 것은 매우 번거로울 수 있으므로 연말 대청소나 실내를 새로 단장할 때 또는 마음이 내킬 때 실행해도 괜찮다. 평소에 청소하면서 조금씩 작업하는 것도 좋으니 착실히 실행하자.

가구를 고정한다

가구를 재배치하고 나면 '가구를 고정'한다. 가구에 따라 고정하는 방법은 다를 수 있지만, 기본적으로 'L자 브래킷'으로 벽에 고정시키는 방법이 가장 효과적이다. L자 브래킷을 사용하지 못한다면, 점착성 매트와 받침목을 함께 사용해서 가구가 흔들리는 것을 막는 방법도 있다.

본인 소유의 집이 아니어서 나사 구멍을 뚫는 것이 여의치 않다면 점착성 고정 도구를 사용해도 된다. 구멍을 뚫지 않고 벽과 가구를 연결할 수 있는 점착성 고정용 제품들이 시중에 많이 나와 있으므로 이것들을 이용하여, 테이프로 붙이듯이 벽에 가구를 고정할 수 있다(60페이지 그림 참조).

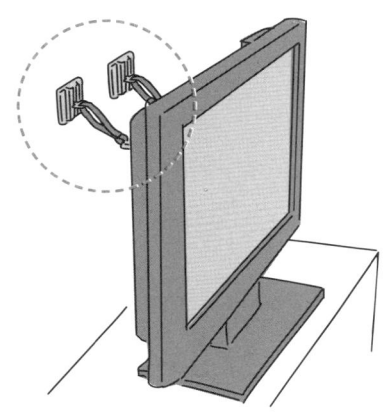

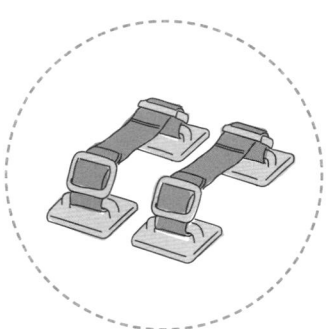

바닥 면이 강력한 점착 성분으로 되어 있어서 벽, 가전제품, 가구에 붙일 수 있다.

텔레비전이나 냉장고처럼 나사 구멍을 뚫을 수 없는 물건은 반드시 고정 도구로 벽에 고정하여 쓰러질 가능성을 낮추도록 하자.

 지금부터 거실, 침실, 부엌, 사무실에서 주의해야 할 포인트를 공간별로 소개한다. 가구 배치를 재검토하는 것과 가구를 고정하는 것뿐만 아니라, 각 공간 특유의 위험성에 대해 잘 이해하고 있어야 한다.

 방재 대책이 시급한 공간부터 차례로 작업해서 안전성을 확실하게 높이도록 하자.

1. 거실

거실은 가족이 모이는 곳이며 손님을 맞이하는 장소이기도 하므로 반드시 안전한 공간으로 만들어야 한다. 대피 동선을 고려한 가구 배치도 중요하다.

① 소파와 테이블은 될 수 있는 대로 창 근처에 두지 않도록 한다.

② 창은 깨질 가능성이 있다. 유리 파편이 흩어져 날리지 않도록 비산 방지용 필름을 부착한다.

③ 큰 지진으로 평판형 TV가 넘어지거나 날아가면 매우 위험한 흉기가 될 수 있다. 점착성 고정 도구를 사용하여 단단하게 고정한다.

④ 천장에 매단 펜던트 형 조명기구는 지진으로 흔들려서 천장에 부딪힐 경우, 전구나 형광등이 깨져 머리 위로 떨어질 위험이 있다. 2~3곳을 체인으로 고정하거나 늘어뜨려진 전선의 길이를 짧게 한다.

⑤ 테이블과 의자처럼 미끄러지기 쉬운 물건은 흉기가 되어 덮쳐올 수 있으므로 다리 부분에 미끄럼 방지 도구를 붙인다.

2. 침실

침실은 잠을 자는 공간이므로 무방비 상태로 재해를 맞닥뜨릴 가능성이 가장 큰 장소다. 그러므로 다른 곳보다 우선하여 안전성을 높일 필요가 있다.

① 침대가 미끄러지면 매우 위험하다. 다리에 미끄럼 방지 도구를 붙인다.

② 잠을 자는 쪽으로 가구가 넘어지지 않도록 재배치한 후 고정한다.

③ 시계와 액자 같은 장식물도 상해를 입힐 수 있으므로 떨어지지 않게 한다.

④ 깨진 유리창이 침대 위로 떨어져 상해를 입으면 대피가 늦어지므로 유리창에는 비산 방지 필름을 확실하게 붙인다.

⑤ 안경이 깔려 깨지면 위험하므로 잠들기 전 안경은 안경집에 넣어둔다.

3. 부엌

부엌은 냉장고처럼 무거운 물건, 부엌칼과 같이 예리한 물건, 조리기기처럼 뜨거운 물건 등 여러 종류의 위험물로 가득하다. 재해가 발생하면 바로 떠나야 하는 공간이므로 대피 동선에 주의하여 방재 대책을 세우도록 하자.

① 냉장고는 집에서 가장 위험한 물건 중 하나다. 점착성 고정 도구를 여러 개 사용해서 확실하게 고정한다.

② 냉장고 위와 같이 높은 곳에는 물건을 두지 않도록 한다.

③ 전자레인지 아래에도 내진 젤 매트를 깔아서 미끄러지지 않게 한다.

④ 수납장에서 식기가 떨어지면 매우 위험하므로 수납장 선반에는 미끄럼 방지 시트를 깔고 수납장 문에는 개폐방지 장치를 설치해 쉽게 열리지 않게 한다.

⑤ 바퀴가 달린 가구에는 바퀴 고정 장치를 설치한다.

4. 사무실

 사무 공간은 집보다 물건이 많으므로 그만큼 더 위험하다고 볼 수 있다. 그리고 높은 층은 낮은 층보다 크게 흔들리므로 사무용품이 쓰러지고 떨어지거나 이동하지 않도록 확실하게 고정한다.

① 대형 프린터와 같이 큰 기계가 움직여 돌아다니면 생명에 위협이 될 수 있다. 바퀴가 달려 있다면 고정 장치를 설치하고, 점착성 고정 도구를 여러 개 사용해서 고정한다.

② 책장 여러 개가 쌓여 있거나 옆으로 늘어서 있는 경우, 브래킷으로 연결한 후 벽에 고정한다.

③ 무거운 물건은 될 수 있는 대로 낮은 곳에 수납하여 모든 가구의 무게 중심을 낮게 유지한다.

④ 사무 공간에는 유리창이 많이 있으므로 유리창에는 비산 방지 필름을 붙인다.

⑤ 컴퓨터 아래에는 미끄럼 방지 시트를 깔고, 점착성 고정 도구로 고정한다.

칼럼 2

'방재사'는 어떤 자격일까?

방재사는 방재에 관한 의식과 일정한 수준의 지식·기능을 갖춘 사람에게 부여하는 민간자격이다. 방재사는 평소에는 사회의 방재 의식을 높이고, 재해 시에는 리더가 되어 신속히 대응하는 역할을 한다. 2016년 6월 30일 기준 일본에는 11만 2,600명이 방재사 자격을 가지고 있다.
다음 세 가지 조건을 충족하면 특정비영리활동법인 일본방재사기구로부터 방재사로 인정받을 수 있다.

① 일본방재사기구 공인 연수기관이 실시하는, '특정 장소에서 전문가가 실시하는 강의를 12강좌(강좌당 60분 이상) 이상 수강'하고 '연수 리포트' 등을 제출하여 연수 과정을 이수했다는 '이수 증명'을 취득할 것

② ①의 이수 증명을 취득한 후, 일본방재사기구가 실시하는 '방재사 자격 취득 시험'에 합격할 것

③ 전국의 지자체, 지역 소방서, 일본적십자와 같은 공공기관 또는 그에 준하는 단체가 주최하는 '구급구명 강습'을 수강하고 그 수료증을 받을 것

최근에는 단체로 방재사 자격을 취득하는 경우도 늘고 있다. 한 예로 일본우편주식회사는 약 2만 명에 달하는 우체국장 모두가 10년 내에 방재사가 되는 것을 목표로 하고 있다.
일본 전국에서 방재에 관한 지식이나 대응력을 가진 사람이 늘어나는 것은 일본의 방재력과 직결된다. 방재사 자격이 일본의 방재력을 높이는 촉진제가 되기를 기원한다.

(우리나라에는 국민안전처가 주관하는 방재전문인력 자격과 민간자격인 방재안전관리사와 같은 자격이 있으며, 국가기술자격으로 방재기사를 2018년부터 신설할 예정이다_역자 주)

| 제 3 장 |

소중한 사람과 함께 해보자

'실천 가능한 재해 대비책'을 소중한 사람과 함께 배우려면?

 이번 장에서는 소중한 사람과 꼭 함께 배웠으면 하는 실천 가능한 대책을 소개한다. 항목마다 특징은 다르지만 여기서 소개하는 모든 대책이 재해가 발생했을 때 틀림없이 중요한 역할을 할 것이다.

 소중한 사람에게 "같이 재해에 대비하자"라고 제안했는데 썩 내켜 하지 않아 실망하는 경우도 있을 것이다. 사실 방재에 대한 관심의 차이는 어쩔 수 없는 부분이다. 모든 사람이 아무렇지 않게 "그래, 같이 재해에 대비하자"라고 선뜻 대답할 거라면 '내가 사는 곳은 괜찮아'라고 생각하는 문제는 애당초 생기지도 않을 것이다.

권유 방법에 대해 고민한다

 상대가 내켜 하지 않을 때는 단순히 "재해에 대비하자!"라고 밀어붙이지 말고, 방법을 약간 바꿔서 방재에 대해 재미있게 체험해볼 수 있는 방재 체험관에 함께 가자고 권하는 것도 효과적이다.

예를 들어 내 강연에서는 언제나 퀴즈를 낸다. 특히, 초·중·고 학생들에게 퀴즈를 낼 때 맞히면 과자를 주겠다고 하면 모두 신나서 열심히 정답을 찾으려고 한다.

예전에 방재 다큐멘터리 영화 〈그 마을에 벚꽃이 핀다면〉을 제작할 때에도 자칫 지루해 보일 수 있는 방재라는 주제를 영상으로 접함으로써 흥미를 느낄 수 있도록 접근하려고 노력했다.

함께 산책하거나 대화를 나누는 것처럼 여러 방법으로 소중한 사람과 함께 방재력을 높여가자.

식품과 소모품을 '일상 비축' 하자

 방재를 할 때, '가구 고정'과 함께 가장 먼저 해야 하는 것이 '비상식량과 식수를 구매'하는 것이다. 살아남을 수 없다면 기껏 구매한 음식물도 아무런 소용이 없겠지만 방재의 출발점에서 실천하기 쉬운 방재 대책임은 틀림없다.

 또한 비축 분이 있는 것만으로도 평소에 안심하며 생활할 수 있게 하므로 재해에 대한 스트레스도 줄일 수 있다.

 많은 사람들이 평소에는 잘 먹지 않는 특별한 식품을 비상식량으로 준비하는 경향이 있는 탓에 "예전에 준비한 비상식량인데 얼마 전에 확인했더니 유통 기한이 지나버렸어"라고 이야기하는 사람들을 종종 목격한다. 유통 기한을 챙겨가며 비상식량용 물품을 계속해서 사놓는 것은 상당히 어려운 일이다.

소비하면서 준비하는 '롤링스톡' 방법

그래서 '일상 비축'이라는 개념이 등장했다. 평소에 잘 먹는 것을 많이 사두고, 그것을 정기적으로 소비하고, 먹은 만큼 다시 채우는 것만으로도 재해에 대비할 수 있다.

이 방법을 '롤링스톡 법'(우리나라에서는 '순환소비' 또는 '선입선출법'이라고 함_감수자 주)이라 부른다. rolling stock을 직역하면 '회전시키며 재고를 비축한다'라는 뜻인데, 일상과 비일상적인 상황 모두에서 크게 유용한 방법이다.

소비하면서 비축하므로 유통 기한이 짧은 레토르트 식품도 비상식량으로 사용할 수 있다. 비상식량의 상징인 통조림이나 건빵을 소비하면서 비축하는 것도 괜찮지만, 롤링스톡 법을 사용하면 다양한 식품을 비상식량으로 준비할 수 있으므로 본인과 가족이 좋아하는 식품을 평소보다 조금 더 많이 구매해두고 소비하는 것만으로도 훌륭한 방재 대책이 된다.

일상용품에도 '롤링스톡' 방법을 적용할 수 있다

 재해를 당했을 때 요긴하게 사용할 수 있는 일상용품도 롤링스톡 법을 활용하여 비축해두면 편리하다. 평소보다 조금 더 준비하고 보충하면서 사용하도록 하자.

 영유아·고령자가 있는 가정이라면 기저귀나 비상약품도 필요하다. 특히 비상약품의 경우 재해로 인해 제때 구할 수 없게 되면 생명에 지장을 줄 수도 있다. 평소에 넉넉하게 준비해서 오래된 것부터 소비하면 재해에 대비할 수 있다.

 또한 대피소에서 생활해야 할 때에는 위생 문제가 발생할 수 있는데, 샤워 대용으로 사용할 수 있는 대형 물티슈를 항상 넉넉하게 비축해서 평소에도 사용하고, 간이 화장실을 준비해두는 것만으로도 피난 생활이 상당히 편해진다.

 계절에 따라 독감과 같은 전염병이 퍼질 위험도 있으므로 마스크를 몇 상자 준비해두는 것도 중요하다.

롤링스톡 법

'재해용 전화 사서함'을 사용하여 안부를 확인하자

 재해 시에 소중한 사람의 안부를 확인할 수 없다면 매우 불안할 것이다. 이런 불안감 때문에 정상적인 판단과 행동이 불가능해지면 큰 문제가 되므로 상대가 이렇게 되지 않도록 '무사해요', '안전한 곳에 피해 있어요'라고 전하는 것은 의미 있는 방재 행동이다.

 하지만 재해가 발생하면 전화가 잘 연결되지 않는다. 전기가 차단되거나 전화회선에 과부하가 걸리는 등 여러 경우가 발생할 수 있기 때문이다. 경찰과 소방, 군대, 정부를 위해 전화회선을 사용하지 않는 것이 지켜야 할 기본 윤리라고도 여겨진다.

 고베 대지진 때에는 전국에서 안부 확인을 위한 전화가 한꺼번에 몰려서 무려 5일 동안이나 전화회선을 이용할 수 없었다고 한다.

 고베 대지진을 계기로 개발되어 현재 요긴하게 사용하고 있는 서비스가 '재해용 전화 사서함'이다.

'171'번으로 바로 안부를 확인할 수 있다

재해용 전화 사서함이란 큰 재해가 발생했을 때 개설되는 '음성 사서함'을 가리킨다. 171번을 사용해서 음성을 녹음하거나 녹음 내용을 듣고 안부를 확인할 수 있게 만들어졌다.

다음에 소개하는 시간대에는 평상시에도 시험적으로 이용해볼 수 있다. 171번만 누르고 나머지는 음성 안내에 따르면 되므로 조작도 간단하다(일본에서만 사용하는 번호_역자 주).

- 매월 1일과 15일(0시~24시)
- 신년 연휴 기간(1월 1일 0시~1월 3일 24시)
- 방재 주간(8월 30일 9시~9월 5일 17시)
- 방재와 자원봉사 주간(1월 15일 9시~1월 21일 17시)

이밖에도 방재 훈련에 따라서는 특정 지역에 한정해 일시적으로 개설하기도 한다.

'어떤 서비스를 사용해서 안부를 확인할지' 미리 정한다

유선전화뿐만 아니라 휴대전화 사업자도 재해 음성 사서함을 제공하며, 최근에는 SNS(Social Networking

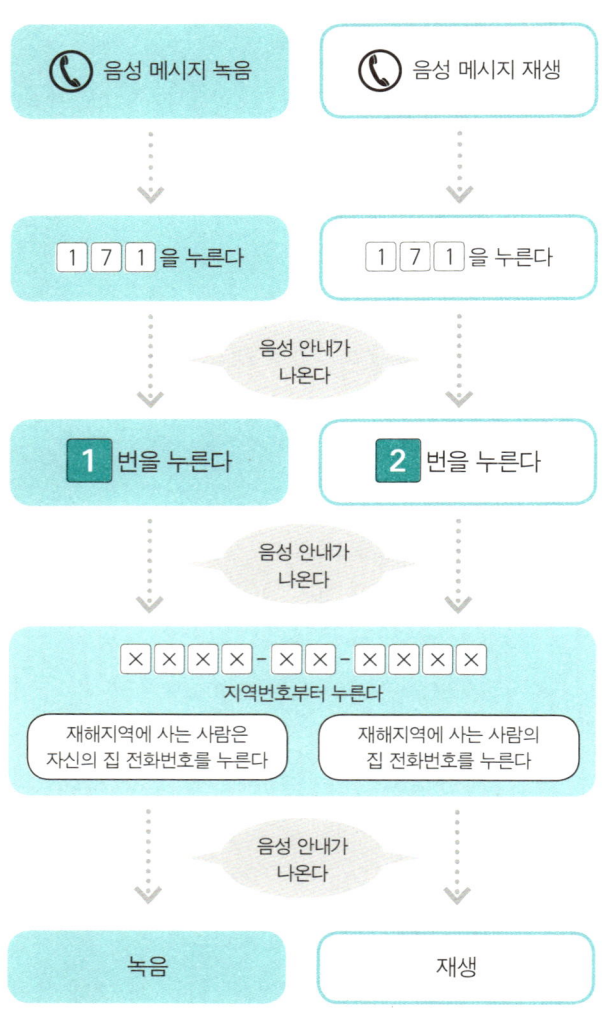

재해용 전화 사서함 사용법

Service)도 재해 시 안부를 확인하기 위한 든든한 도구로 사용할 수 있다(2016년 경주 지진 때 카카오톡의 메시지 읽음 확인용 숫자 표시가 생사확인용으로 유용하게 쓰였다_감수자 주).

가족이나 소중한 사람과 메시지 그룹을 만들어두면 재해용 전화 사서함을 사용해서 막힘없이 연락을 취할 수 있다.

요즘은 예전보다 연락을 주고받을 수 있는 수단이 많아져서 '통신수단의 범람'이라는 표현까지 나올 정도다. 따라서 어떤 서비스를 이용해서 안부를 확인할지 서로 정해두지 않으면 오히려 연락하지 못하는 사태가 벌어질 수 있다.

가족을 포함한 소중한 사람과 어떤 서비스로 연락을 취할지, 정해놓은 방법으로 연락이 안 되면 그 다음으로 어떤 방법을 사용할지, 우선순위를 어떻게 정할지에 대해 평소에 이야기해두고 사용법도 파악해두는 것이 중요하다.

'응급처치'는 꼭 기억해둔다

재해 상황에 관해 이야기할 때, 우리는 왠지 모르게 '죽거나 혹은 전혀 다치지 않거나'와 같은 극단적인 결말만 생각하는 경향이 있다.

하지만 그런 극단적인 상황이 아니더라도 본인이나 주변 사람이 다치는 일은 쉽게 일어날 수 있다. 게다가 재해 규모가 크면 클수록 소방차나 구급차의 접근이 어려워진다. 고베 대지진 때는 3만 5,000명이 생매장된 상황에서 이웃 주민들이 구출한 2만 7,000명의 약 80퍼센트가 살아남을 수 있었지만, 소방관이나 자위대가 구출한 8,000명은 거의 절반이 사망했다고 한다. 이런 사실에서 알 수 있듯이 재해 직후의 응급처치는 매우 중요하다.

소중한 사람과 함께 응급처치에 관한 지식을 익혀서, 긴급한 상황에서 적절한 행동을 취할 수 있도록 하자.

출혈이 있을 때

출혈이 심하면 놀라서 당황하기 쉽지만 침착하게 곧바로 지혈해야 한다. 피가 솟구치는 심한 출혈이라도 대부분 '직접압박 지혈법'으로 지혈할 수 있다.

다른 사람의 상처를 지혈하는 경우에는 가장 먼저 혈액 접촉을 통한 감염을 방지하기 위해 자신의 손을 비닐봉지 같은 것으로 감싼다. 그리고 상처를 충분히 덮을 수 있는 큰 거즈나 수건을 상처 부위에 올리고 세게 누른다. 또한 상처 부위가 심장보다 높은 위치가 되도록 하면 출혈을 줄일 수 있다.

직접압박 지혈법을 사용하지 못하는 경우나 사용하기 전까지는, 출혈 부위에서 심장에 가까운 위치에 있는 동맥을 손가락을 사용해 뼈 방향으로 누르는 '간접압박 지혈법'을 시행하도록 한다.

직접압박 지혈법

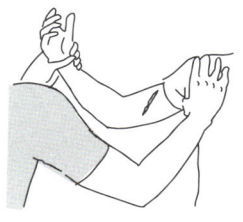

간접압박 지혈법

골절일 때

골절 부위가 움직이지 않게 고정하고 병원으로 이송하는 것이 가장 중요하다. 골절 부위에 부목(판, 우산, 막대, 두꺼운 종이 등)을 대고 골절 부위의 위아래를 천 같은 것으로 묶는다. 지나치게 세게 묶으면 혈액의 흐름을 악화시킬 수 있으므로 주의해야 한다.

골절 부위를 묶은 다음에는 골절 부위가 움직이지 않도록 천 등으로 감싸서 걸어 맨다. 가능하다면 가슴 부분과도 묶어 고정하도록 한다.

부목을 골절 부위에 대고 묶는다.

팔을 감싼 천을 목에 건다.

심폐정지일 때

먼저 어깨를 가볍게 두드리며 큰 목소리로 "괜찮아요?"라고 말을 건다. 만약 눈을 뜨거나 몸짓으로 의사 표현을 하려 하는 등 어떤 반응을 보인다면 응급처치를 한다. 이때 목에 이물질이 걸렸는지 꼭 확인해야 한다. 반응이 없다면 큰 목소리로 주변 사람에게 119에 연락할 것을 요청하고, 자동심장충격기(AED)Automated External Defibrillator를 가져올 것을 부탁한다.

그런 다음 호흡을 확인한다. 가슴이나 배가 움직이지 않으면 바로 심장 마사지와 인공호흡(최근에는 인공호흡은 생략하는 경향이다_감수자 주)을 실시한다. 그리고 AED가 도착하는 대로 AED를 사용한다.

만약 심폐정지가 일어나고 5분 이내에 AED로 조처를 할 수 있다면(최대 8분 이내에 시행해야 하며, 10분이 지나면 장기손상이 시작됨) 환자의 소생·사회복귀 가능성은 크게 높아진다. 119 연락을 받고 출동한 구급대원이 조치한 경우와 현장에 있던 일반 시민이 AED를 사용하여 즉시 조치한 경우를 비교하면, 환자의 사회복귀 비율이 두 배 이상 차이가 난다는 조사 보고도 있다. 따라서 신속하게 AED를 사용하는 것이 중요하다(우리나라에서 갑작스럽게 심정지로 쓰러지는 환자는 연간 3만 명이 넘는다. 하지만 이 환자들 중 병원으로 옮겨져 살아남는 사람은 대도시가 5퍼센트, 지방은 2퍼센트대에 불과하여, 미국 8.4퍼센트, 일본 10.2퍼센트에 비해 크게 낮다_감수자 주).

● 심장 마사지 방법

1. 압박 부위(가슴의 상하좌우 정중앙)를 확인한다.
2. 압박 부위에 손바닥 아래쪽을 대고, 다른 손을 그 위에 올린다.
3. 양 팔꿈치를 곧게 펴고, 어깨가 자신의 손바닥 바로 위에 오도록 자세를 취한다.
4. 1분에 100~120회 빠르기로 30회 압박한다.
5. 어른은 5cm, 어린이는 4cm 정도 깊이로 압박한다.

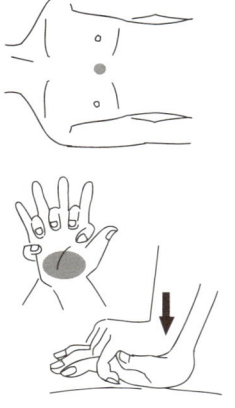

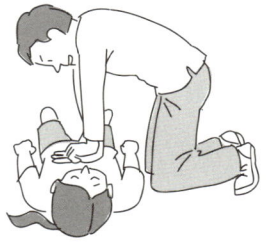

※ 유아의 경우에는 손가락 두 개로 실시한다. 어린이의 경우에는 한 손이든 두 손이든 상관없다.

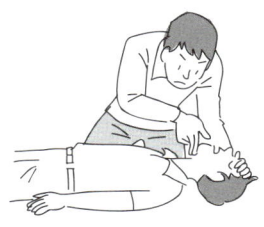 

● 인공호흡 방법

1. 기도를 확보한다(한 손을 부상자의 이마에 올리고, 다른 한 손의 집게손가락과 가운뎃손가락으로 턱을 받쳐 머리를 뒤로 기울인다).

2. 숨을 2회 불어 넣는다(이마를 누르고 있는 손의 엄지손가락과 집게손가락으로 코를 쥐고, 1초 정도 입으로 숨을 불어 넣는다. 가슴이 부풀어 오르는지 확인하며 실시한다).

※ 인공호흡을 생략하고 심장 마사지만 계속해도 된다. 다만 질식이나 물에 빠진 경우와 어린이가 심폐정지일 때는 인공호흡을 실시하는 것이 바람직하다.

※ 심장 마사지 30회와 인공호흡 2회를 묶어서(30:2) '심폐소생술'이라 부른다.

● **AED 사용법**

1. 상자를 열고 전원을 켜면 음성 안내가 나온다. 지시에 따라 패드를 부상자에게 붙인다.

2. 자동으로 부상자의 심전도를 해석해서 제세동(심장에 강한 전류를 순간적으로 흘려 심장의 리듬을 규칙적으로 되돌리는 일_역자 주)이 필요한지를 판단하여 필요한 조치를 지시해주므로 그 지시를 따른다.

무너진 가옥에서 구출하는 방법

무너진 가옥에 갇히거나 깔린 사람을 구조할 때는 혼자서 구조활동에 나서지 말고 여럿이 함께하도록 한다. 갇힌 사람이 안심할 수 있게 말을 걸면서 장해물을 제거한다. 이때, 여진이나 구조작업 중의 붕괴와 같은 2차 피해에 주의해야 하며 주변 상황을 살피는 역할을 할 사람도 배치한다.

장시간 무거운 물체에 신체 일부가 깔렸다면 혈액이 다시 흐를 때 심폐정지나 급성신부전이 발생하는 크러시 증후군crush syndrome의 위험이 있으므로 의사의 도움을 받도록 한다.

● **그 밖의 주의사항**
- 무너진 가옥의 가스 밸브와 전기 차단기를 찾아서 잠근다.
- 언제 화재가 발생할지 알 수 없으므로 소화기를 근처에 둔다.
- 쇠파이프 같은 것으로 지렛대 원리를 이용하여 빈틈을 만든다 (이 빈틈으로 각목 등을 넣어 빈틈을 더 넓히면 되는데, 자동차 트렁크에 있는 소형 자키를 이용하면 더 효과적이다).
- 깔린 사람을 무리해서 끌어내려고 하지 않는다.
- 만약 무너진 가옥에 갇혔다면 비명을 질러 구조 요청을 하지 말고 주위 물건을 두드려서 신호를 보낸다.

열사병과 탈수증을 방지한다

더운 계절에 재해가 발생하면 신체에 큰 타격을 준다. 어지럼증이나 구토 증세를 보이거나 땀이 지나치게 많이 나면 열사병이나 탈수증일 가능성이 있다. 이런 경우에는 시원한 곳에서 옷을 느슨하게 하여 안정을 취하도록 한다.

또한 흡수율이 높은 식염수를 만들어서 마신다. 그리고 가능한 한 빨리 의사의 진찰을 받도록 한다. 식염수 농도는 물 1리터에 식염 2그램이 적당하다. 엄지손가락, 집게손가락, 가운뎃손가락을 사용하여 세 번 집은 분량이 2그램 정도다.

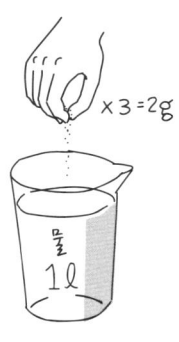

'방재 지도'를 들고 직접 걸어보자

 '해저드 맵(긴급 대피 경로도)hazard map'은 우리에게 위험을 알려주는 든든한 존재다. 자연재해가 지역에 어떤 피해를 주는지를 예측해서 재해 위험 정도를 지도에 표시한 것으로, 홍수에 대한 것부터 지진, 쓰나미, 이류泥流 위험 장소 등 여러 종류의 해저드 맵이 있다.

 주의해야 할 재해 위험 장소뿐만 아니라, 재해가 발생할 경우의 피난 장소와 방재 시설의 위치까지 기재되어 있는 '방재 지도'라는 것도 있다.

 방재 지도는 각 가정으로 배포되며, 지자체의 행정기관에 가서 직접 받을 수도 있다. 이런 지도를 활용하여 먼저 집 주변에 어떤 위험한 장소가 있는지, 대피소는 어디인지를 확인해보자.

통학·통근 경로를 상시 확인한다

집 주변을 조사한 후 '우리 집은 안전하다'라며 만족하는 경우가 많지만 집 주변 말고도 조사해야 하는 곳이 있다. 그곳은 바로 '지나다니는 길'이다.

통학 및 통근 경로와, 자주 가는 슈퍼마켓에 다니는 길과 같이 평소 본인과 가족이 사용하는 길이 안전한지 확인하는 일도 매우 중요하다. 직접 방재 지도와 해저드 맵을 들고 걸어가면서 확인하자. 뜻밖에 '아, 이 길은 위험하네', '해저드 맵에는 이 길이 안전하다고 되어 있는데, 큰 재해가 오면 정말 위험하겠네' 같은 여러 가지 사실을 알 수 있다.

예컨대, 아이들이 다니는 통학로에 위험한 곳이나 위험할 것 같은 곳이 있으면, "비가 많이 오면 이 길은 위험하니까 다른 쪽 길로 다녀야 해. 알겠지?"라고 미리 말해두는 것만으로도 아이들의 생명을 구할 수 있다.

늦은 밤에 대피소까지 걸어가본다

심야 시간대에 집에서 대피소까지 직접 걸어가보는 것도 중요하다. 피난해야 하는 상황이 꼭 낮에만 일어나지는 않는다. 당연한 말이지만, 낮과 밤의 거리 분위기나 풍경은 전혀 다르다. 그러므로 밤에 대피소까지 꼭 걸어가보자. 다만 밤길은 위험하므로 혼자 가는 것보다는 가족이나 친구와 함께 가는 것을 권한다.

최근에는 '방재 피크닉'이라는 방법도 주목을 받기 시작했다. 방재 피크닉은 부모와 아이가 함께 방재 지도를 가지고 걸어 다니며, 대피소에서 도시락 대신 비상식량을 먹고 즐겁게 방재에 관해 생각해보는 기회가 된다. 또한 다른 참가자와 방재에 관해 여러 이야기를 주고받을 수 있는 것도 방재 피크닉의 큰 매력 중 하나다.

아이가 있는 가정에서는 방재 피크닉에 적극적으로 참가해보자. 만약 거주하고 있는 지역에서 방재 피크닉이 열리지 않는다면 지인과 함께 자체적으로 진행하는 것도 좋은 생각이다(도쿄 시에선 매년 3월 11일에 많은 시민이 몇 시간 동안 걸어서 귀가 및 대피하는 훈련에 적극 참여한다_감수자 주).

가족과 함께 '방재 체험관'에 가자

앞에서 잠깐 소개한 것처럼 방재에 관해 거북하게 생각하는 가족이 있다면, 함께 방재 체험관을 방문하는 것도 좋은 방법이다. 최근에는 체험형 놀이시설과 영상 상영관 같이 오락적 요소를 갖춘 체험관도 늘어났다. 이런 방재 체험관에서는 즐겁게 방재를 체험해 볼 수 있다.

방재 체험관은 대부분 공공시설이므로 무료로 이용할 수 있다. 1년에 여러 번 방재 페스티벌 같은 이벤트를 개최하는 곳도 많고, 내용에 따라서는 거리 상점이 생기고, 각종 거리 공연이 열리기도 한다. 이런 행사 일정에 맞추면 방재 체험관이 휴일을 즐길 수 있는 장소로도 유용하다(특히 한국인이 많이 찾는 고베 대지진 기념관은 모든 설명에 한글이 포함되어 있다_감수자 주).

방재 체험관에는 두 종류가 있다

 방재 체험관은 정부나 현에서 설립한 독립적인 곳과 각 지자체의 소방본부·재해거점시설·소방학교의 병설시설로 존재하는 곳으로 나눌 수 있다. 전자가 후자보다 규모가 크기는 하지만 병설시설이라고 해서 결코 배움의 크기가 적은 것은 아니다.

 한 예로, 도야마 현 도야마 시에 있는 '도야마 현 광역소방방재센터'에서는 '사계절 방재관'이라는 방재 체험관을 운영하고 있다. 이곳은 '사계절'을 콘셉트로 한 방재 교육 시설로, 계절별로 도야마 현에서 발생할 수 있는 재해를 체험할 수 있다.

 원기둥처럼 생긴 시설의 2층을 네 구역으로 나누고, 각 계절을 색깔별로 대담하게 연출했다. 예를 들어 봄 구역에서는 눈사태를 체험해볼 수 있고, 여름 구역에서는 수심 15, 30, 45센티미터인 흐르는 물에서 걷는 체험을 할 수 있다. 이렇게 계절에 맞춰 아홉 가지 체험을 할 수 있는 코너가 설치되어 있다.

 미에 현 와타라이 군에는 쓰나미 피난 탑을 방재 체험관으로 만든 '니시키 타워'라는 것도 있다.

 이 피난 탑은 높은 곳으로 피난하기 어려운 지역 특

사계절 방재관 외관

비바람으로 인한 재해 체험

방재 상영관

지진 체험

사진 제공: 사계절 방재관

성 때문에 건설된 원통형의 철근 콘크리트 건축물로, 긴급한 상황에서는 500명을 수용할 수 있다. 그리고 탑 내부는 지역의 재해 역사와 방재 자료를 전시해서, 주민들의 방재 의식을 일깨우는 기회의 장이 된다.

  이 책에서 함께 소개하지 못해 아쉽지만, 전국 각지에는 지역의 특성을 살린 방재 체험관이 있다. 본인이 거주하고 있는 지역에 재미있는 방재 체험관이 있는지 알아보는 것뿐만 아니라 가족이나 친구와 여행을 갈 때는 목적지 주변에 그런 방재 체험관이 있는지도 꼭 알아보자.

'지역'과 연계한다

자신과 가족, 친구의 방재력을 높이는 것도 중요하지만, 긴급 시에는 이웃 주민과 연계하는 것도 매우 중요하다.

가장 간단한 방재 대책으로 '인사'부터 시작하자. 인사는 가장 기본적인 소통이며, 상대와 신뢰를 쌓는 기반이 된다. 평소 이웃 주민과 인사를 나누며 알고 지내기만 해도 긴급한 상황이나 피난 생활 중에 자연스럽게 서로 도울 수 있다.

'자율 방재 조직'에 참여하자

일본에는 '자율 방재 조직'이 있다. 이 조직은 각 지역에서 임의로 결성해서 방재 의식 고취, 방재 훈련, 비축 점검 등을 실시한다. 자율 방재 조직이 활발히 운영되면 그 지역의 재해 대응력은 높아진다. 즉, 자율 방재 조직은 재해가 발생했을 때 피난 권고, 구출, 화재 초기 진압, 대피소 운영 등 다방면에서 큰 역할을 한다.

자율 방재 조직의 활동 범위로 감당할 수 있는 세대의 비율을 '자율 방재 조직 활동 감당률'이라 부르는데, '2015년도 방재백서'에는 2014년 4월 1일 기준으로 전국 감당률이 80퍼센트라고 되어 있다. 아직 전국 20퍼센트는 감당하지 못하는 것이 현실이고, 지역에 따라서는 50퍼센트에도 미치지 못하는 곳도 있다고 한다.

각자 거주하는 지역에 자율 방재 조직이 있는지 지역 행정기관에 연락해서 확인해보자. 만약 있다면 조직에서 개최하는 방재 훈련과 소방 훈련 등에 용기를 내서 참여해보자.

피난 훈련과 소방 훈련에 참여하는 것은 자신의 방재력 향상에 도움이 될 뿐만 아니라 거주 지역의 방재 지도자들과 알고 지낼 수 있는 이점도 있다.

재미있는 방재 게임

"휴…! 저 이제 방재에 관해 더 많이 알게 됐어요! 꼼짝 못 하는 일이 생기지 않게 주의하고, 제 방이 안전한지도 확인하려고요!"
"네가 열심히 공부해줘서 정말 기쁘구나."
"아, 할아버지랑 할머니께도 포기하면 저까지 위험해질 수 있다고 말씀드려야겠어요!"
"그래. 아빠가 말씀드릴 때보다 훨씬 잘 들으실 거야."
"그런데, 아빠. 책에도 적혀 있었는데, 소중한 사람이 방재에 대해 귀담아 들으려고 하지 않을 수도 있죠?"
"소중한 사람이 방재에 관심을 가지게 하고 싶지만 마음이 잘 전해지지 않는 경험은 아빠에게도 있단다. 그래도 포기하기보다는 전하는 방법을 바꿔보는 것이 좋을 거야."
"전하는 방법을 바꾼다고요?"
"그래. 책에 적혀 있는 것처럼 방재 체험관에 가는 것도 한 가지 방법이고, 관심이 없는 사람에게 방재에 대해 알리기 위해서 방재 게임을 하는 방법도 있지."
"게임이요? 게임이라면 저도 엄청 좋아해요!"

"최근에는 여러 가지 다양한 방재 게임이 나와 있어서, 카드 같은 것을 사용해서 방재를 배울 수 있단다."
"와…! 게임을 하면서 방재 공부를 할 수 있다니 정말 멋지네요! 저도 해보고 싶어요."
"좋아. 이번에 친구도 초대해서 함께 해보자. 틀림없이 재미있게 방재에 관심을 가지게 될 거야."

● **크로스로드**

문부과학성이 대지진 피해를 줄이기 위해 개발한 카드 게임 형식의 방재 교육 교재다.

놀이 방법은 카드에 적힌 질문에 대해 각자 찬성이나 반대 주장을 하고 상대의 의견을 듣는 것으로 아주 간단하다. 하지만 질문이 매우 까다로워서, '가족처럼 기르던 애완동물도 대피소에 데려가야 하는가?', '사람 수에 비해 먹을 것이 부족해도 나눠 먹어야 할까?'와 같이 견해차가 클 수 있는 딜레마 요소가 강한 질문을 많이 담고 있다. 이 게임을 통해 본인과 다른 가치관을 이해할 수 있으며, 재해에 대해 보다 현실적으로 접근할 수 있다.

● **방재 주사위 게임**

비영리 법인 플러스 아츠 Plus Arts가 개발한 방재 주사위 게임 '구라구라 타운 GURAGURA TOWN'이란 것도 있다(GURAGURA는 '흔들흔들'이란 뜻의 일본어 ぐらぐら를 알파벳으로 표기한 것_역자 주).

이 게임은 지시를 수행하며 결승점을 향해 가는 주사위 게임이다. 다만 게임 이름처럼 가끔 지진이 일어난다. 그때마다 아이템 카드를 사용해서 재해가 발생했을 때 생길 수 있는 문제를 해결해야 한다. 어른과 아이가 함께 즐길 수 있도록 잘 만들어진 게임이다.

● **방재 트럼프**

주식회사 윙베이스WING BASE의 대표이사가 주도해서 제작한 방재 트럼프는 일반적인 트럼프 규칙에 방재 이야기를 하면 유리한 보너스를 받을 수 있는 규칙을 추가한 게임이다. 흔히 잡담을 나누며 트럼프 게임을 하는 때도 있을 텐데, 그 잡담 내용을 방재 이야기로 바꾼 것은 정말 획기적인 발상이다.

방재 트럼프를 통해 모두가 공유했으면 하는 방재에 대한 이야기를 자연스럽게 할 수 있고, 그동안 몰랐던 방재 지식을 배울 수도 있다.

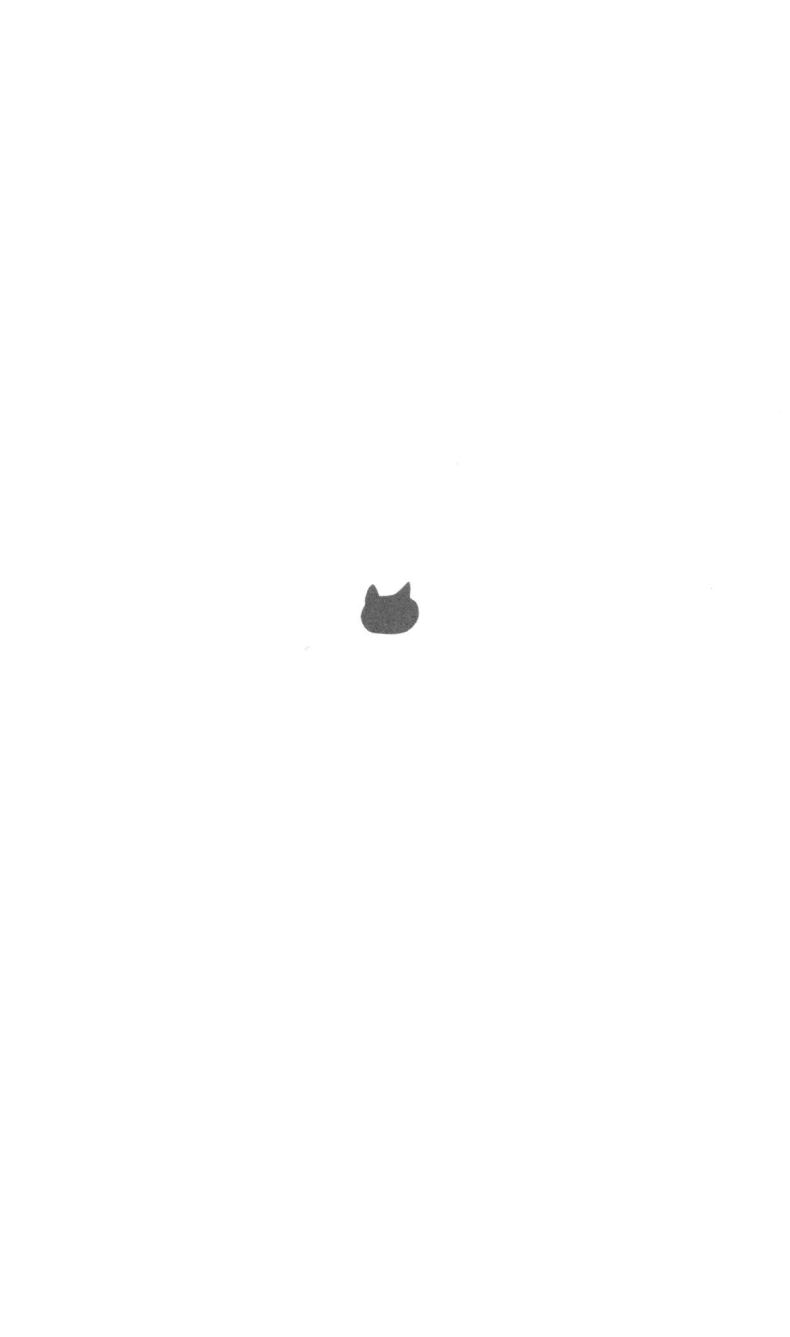

| 제 4 장 |

지진

지진 대국 일본

 일본은 세계적으로 대형 지진이 자주 발생하는 나라다. '대륙판'이라 부르는 암반이 일본 바로 아래에 네 개나 있는데 이것이 지진을 일으킨다. 지구 전체 육지의 약 400분의 1밖에 되지 않는 면적의 작은 나라지만, 일본과 주변 해역에서 일어나는 지진 에너지는 지구 전체의 10분의 1이라고 한다.

 대륙판 네 개는 서로 겹쳐 있어서 각자 다른 방향으로 움직인다. 이로 말미암아 큰 뒤틀림과 어긋남이 한계에 이르면 암반이 파괴되어 지진이 일어난다.

 지진이 일어나고 뒤틀림과 어긋남이 해소되면, 시간이 흐른 후 같은 현상이 또 반복된다.

 대륙판 사이의 경계가 뒤틀려서 일어나는 지진을 '해구형 지진', 대륙판 자체가 어긋나거나 금이 가서 일어나는 지진을 '활단층 지진'이라 부른다.

 이런 사실을 바탕으로 지진 규모와 발생 간격을 예

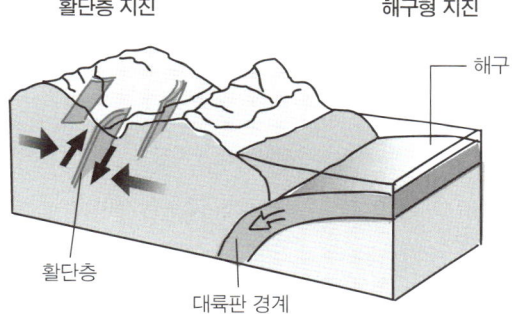

활단층 지진   해구형 지진

해구

활단층

대륙판 경계

측할 수 있으며, 간토 대지진처럼 사가미 해구에서 발생하는 대지진은 200년 정도 간격으로, 도카이·난카이 대지진은 100~150년 정도 간격으로 일어난다고 한다.

한편으로 1,000년 간격이나 1만 년 간격으로 지진을 일으키는 활단층도 존재한다. 1995년에 발생한 고베 대지진을 일으킨 활단층은 1,000년 정도 간격으로 활동하는 것으로 추정한다.

놀랍게도 일본에는 2,000층이 넘는 활단층이 있다. 게다가 아직 우리가 알지 못하는 숨겨진 활단층도 많이 있는 것으로 보인다. 즉, 언제 어디서 지진이 일어나도 조금도 이상할 것이 없다. 일본에 사는 사람은 지진 대국에 살고 있음을 자각한 채 생활해야 한다.

'규모'와 '진도'는 어떻게 다를까?

지진의 세기를 나타낼 때에는 '규모'와 '진도'라는 단위를 사용한다. 규모는 지진 에너지 자체를 나타내고, 진도는 체감하는 세기를 나타낸다. 그러므로 규모는 지역에 상관없이 같은 값이지만, 진도는 지역에 따라 값이 변한다.

규모는 지진이 방출하는 에너지 크기를 로그log로 나타냈을 때의 지표다. 규모 7.8 이상인 지진을 일반적으로 '거대 지진'이라 하며, 규모가 1.0만 올라가도 지진 에너지는 30배나 증가한다.

또 진도는 지표에서 느낄 수 있는 흔들림의 세기를 10단계로 나눈 것이다. 진도 5와 진도 6은 강과 약으로 세분되어 있다. 기상청에 의한 진도 관측은 사람의 체감을 근거로 이루어졌지만 1996년부터 진도계를 사용해서 관측하기 시작했고, 진도 정보의 속보 체계도 확립되었다(한국은 일본과 달리 수정 메르칼리 진도 계급을 사용한다. 110쪽 표 참조_감수자 주).

체감 진도와 흔들림 정도

진도 0	• 사람은 진동을 느끼지 못한다.
진도 1	• 실내에서 가만히 있는 사람 중에는 약간의 진동을 느끼는 사람이 있다.
진도 2	• 실내에서 가만히 있는 사람 다수가 진동을 느낀다.
진도 3	• 실내에 있는 사람 대부분이 진동을 느낀다.
진도 4	• 대부분의 사람이 놀란다. • 전등처럼 매달린 물건이 크게 흔들린다.
진도 5 약	• 다수의 사람이 공포를 느끼며, 어딘가를 붙잡고 싶어진다. • 선반의 식기나 책이 떨어지기도 한다. • 고정하지 않은 가구가 이동하거나 넘어지기도 한다.
진도 5 강	• 어딘가를 붙잡지 않고는 걷기 어렵다. • 고정하지 않은 가구가 넘어지기도 한다. • 보강하지 않은 시멘트 블록 담이 무너지기도 한다.
진도 6 약	• 서 있기가 어렵다. • 벽에 붙은 타일과 유리창이 파손되어 떨어지기도 한다. • 내진성이 낮은 목조 건물은 기와가 떨어지거나 기울어진다. 무너지는 경우도 있다.
진도 6 강	• 기지 않으면 움직일 수 없고 몸이 날아가버리기도 한다. • 고정하지 않은 가구 대부분이 이동하고 넘어지는 것이 많아진다.
진도 7	• 내진성이 낮은 목조 건물은 기울거나 무너지는 일이 더 많아진다. • 내진성이 높은 목조 건물이라도 기울어지는 일이 드물게 발생한다. • 내진성이 낮은 철근 콘크리트 건물이 쓰러지는 일이 많아진다.

출처: 국토교통성 기상청《진도와 흔들림 등에 관한 상황(개요)》을 근거로 작성

수정 메르칼리(MM) 진도 계급

I	사람들은 느낄 수 없지만 지진계에 기록된다.
II	소수의 사람들, 특히 건물의 위층에 있는 소수의 사람들만 느낀다. 매달린 물체가 약하게 흔들린다.
III	실내에서 현저하게 느껴지는데, 특히 건물의 위층에 있는 사람에게 더욱 그렇다. 그러나 많은 사람들이 지진이라고 인식하지 못한다. 정지하고 있는 차가 약간 흔들린다. 트럭이 지나가는 것과 같은 진동이 있고, 지속시간이 산출된다.
IV	낮에는 실내에 서 있는 많은 사람들이 느낄 수 있으나, 실외에서는 거의 느낄 수 없다. 밤에는 일부 사람들이 잠을 깬다. 그릇, 창문, 문 등이 소리를 내며, 벽이 갈라지는 소리가 난다. 대형 트럭이 벽을 받는 느낌을 준다. 정지하고 있는 자동차가 뚜렷하게 움직인다.
V	거의 모든 사람들이 지진동을 느낀다. 많은 사람들이 잠을 깬다. 그릇, 창문 등이 깨지기도 하며, 어떤 곳에서는 회반죽에 금이 간다. 불안정한 물체는 넘어진다. 나무, 전신주 등 높은 물체가 심하게 흔들린다. 추시계가 멈추기도 한다.
VI	모든 사람들이 느낀다. 많은 사람들이 놀라서 밖으로 뛰어나간다. 무거운 가구가 움직이기도 한다. 벽의 석회가 떨어지기도 하며, 피해를 입는 굴뚝도 일부 있다.
VII	모든 사람들이 밖으로 뛰어나온다. 설계 및 건축이 잘 된 건물에서는 피해가 무시할 수 있는 정도지만, 보통 건축물에서는 약간의 피해가 발생한다. 설계 및 건축이 잘못된 부실 건축물에서는 상당한 피해가 발생한다. 굴뚝이 무너지며 운전 중인 사람들도 지진동을 느낄 수 있다.

VIII	특별히 설계된 구조물에는 약간의 피해가 있고, 일반 건축물에서는 부분적인 붕괴와 더불어 상당한 피해를 일으키며, 부실 건축물에서는 아주 심하게 피해를 준다. 창틀로부터 창문이 떨어져 나간다. 굴뚝, 공장 물품 더미, 기둥, 기념비, 벽들이 무너진다. 무거운 가구가 넘어진다. 모래와 진흙이 약간 분출된다. 우물물의 변화가 있다. 차량을 운행하기가 어렵다.
IX	특별히 잘 설계된 구조물에도 상당한 피해를 준다. 잘 설계된 구조물의 골조가 기울어진다. 구조물에 부분적 붕괴가 일어나고 큰 피해를 준다. 건축물이 기초에서 벗어난다. 지표면에 선명한 금이 생긴다. 지하 송수관도 파괴된다.
X	잘 지어진 목조 구조물이 무너지기도 하며, 대부분의 석조 건물과 그 구조물이 기초와 함께 무너진다. 지표면이 심하게 갈라진다. 기차선로가 휘어진다. 강둑이나 경사면에서 산사태가 발생하며, 모래와 진흙이 이동한다. 물이 튀며, 둑을 넘어 흘러내린다.
XI	남아 있는 석조 구조물은 거의 없다. 다리가 부서지고 지표면에 심한 균열이 생긴다. 지하 송수관이 완전히 파괴된다. 지표면이 침하하며, 연약 지반에서는 땅이 꺼지고 지면이 어긋난다. 기차선로가 심하게 휘어진다.
XII	전면적인 피해가 발생하며, 지표면에 파동이 보인다. 시야와 수평면이 뒤틀린다. 물체가 공중으로 튀어나간다.

출처: 기상청 〈지진의 규모와 진도에 관한 정확한 개념〉
※ 우리나라는 2001년부터 수정 메르칼리(MM) 진도 계급(12단계)을 사용하고 있다.

지진이 일어났을 때 행동 요령

큰 지진이 일어나면 어떤 행동을 취해야 할까?

내가 재해를 입은 지역과 관계를 맺기 시작했을 무렵, 막상 큰 지진이 일어나니 어떻게 행동해야 할지 몰랐던 경험을 한 적이 있다. 주변을 둘러봐도 재난 지역을 걱정하며 지원 활동을 하는 사람임에도 불구하고 정작 자신을 지키는 방재 대책을 모르는 사람이 너무 많다는 생각이 들었다.

우리는 다른 사람의 아픔에 다가가는 한편 동시에 자신을 지키는 방법을 알아야 한다.

지진으로부터 자신의 몸을 지키기 위해 할 수 있는 일은 많다. 기술의 발전 덕분에 많은 경우 큰 진동이 오기 몇 초 전에 긴급 지진속보를 통해 미리 알 수 있다. 그 몇 초 동안 어떤 행동을 취하는지가 중요하다. 장소와 상황에 따라 구체적인 방법은 다르지만, 어떤 상황에도 적용할 수 있는 중요 사항들은 꼭 기억해두자.

포인트 ① **머리를 보호한다**

어떤 장소에 있더라도 먼저 머리를 보호하자. 팔이 부러지거나 다리에 타박상을 입더라도 어떻게든 살아남을 수 있지만 머리를 다치면 목숨을 잃을 수도 있다.

머리를 보호하는 방법은 실외라면 가방 같은 것으로 머리를 가리는 것이다. 슈퍼마켓 안이라면 장바구니로 머리를 가린다. 어떤 것이 떨어져 내릴지 알 수 없으므로 철저하게 머리를 보호해야 한다. 일본에서는 학교나 가정에 방석처럼 생긴 지진모자가 대중화되어 있다.

포인트 ② **화재의 원인이 될 수 있는 것은 가능하다면 제거한다**

긴급 지진속보가 있었으나 '아직 진동을 느끼기 전이라면, 가능하다면 가스레인지 등의 불을 끄라'는 이야기다. 만약 음식을 만들고 있었다면 부엌은 냉장고와 수납장처럼 흉기가 될 수 있는 물건이 많은 공간이고 화상의 위험도 있으므로 바로 부엌을 빠져나왔다가 진동이 가라

앉은 다음에 불을 끄러 가도록 하자.

최근에는 큰 진동을 감지하면 자동으로 가스 공급이 차단되는 가스 안전 계량기를 많이 설치하고 있다. 결코 무리해서 불을 끄러 돌아가지는 않도록 하자.

포인트 ③ 문을 연다

이것도 '가능하다면'의 범위에서 하는 말이다. 큰 지진이 일어나면 뒤틀림 때문에 문이 열리지 않을 수 있다. 문 근처에 있다면 먼저 문을 열고나서 적절한 행동을 취하자. 혹시 욕실에 있다면, 욕실은 격자형의 콘크리트 격벽 구조이므로 튼튼할 뿐만 아니라 물이 있어 생존에 유리하므로 비교적 안전한 공간이지만 그래도 문을 열어두도록 하자.

포인트 ④ 물건이 없는 곳으로 이동한다

머리를 보호하는 것과 함께 중요한 것은 물건이 없는 곳으로 이동하는 것이다. 지진이 일어나면 가구류가 쓰러져서 그 밑에 깔리거나, 복사기가 움직여서 충돌하거나, 깨진 유리창의 파편에 맞거나 하는 일이 생길 수 있다. 어떤 곳에 있더라도 물건이 '쓰러지지 않는 곳', '이동하지 않는 곳', '떨어지지 않는 곳'으로 이동해서 머리를 보호하자.

포인트 ⑤ 외출 중일 때의 대피법도 알아두자

- 길거리

손에 든 짐으로 머리를 보호하고, 사방이 트인 곳으로 이동하자. 번화가에서는 유리창과 간판 등이 떨어지고, 주택가에서는 시멘트 블록 담장이 붕괴할 수 있으므로 주의하자. 또한 자동판매기가 쓰러질 수 있다는 것에도 충분히 주의하자.

- 운전 중

급정지는 사고의 원인이 될 수 있으므로 서서히 감속해서 도로 가장자리에 차를 세우고 엔진을 끈다. 진동이 잦아들 때까지는 차 안에서 기다린다. 라디오 등을 통해 정보를 수집하고, 만약 차에서 내려야 한다면 긴급 차량을 방해하지 않도록 주차장이나 넓은 장소로 차를 이동시킨 후에 내린다. 만약 다리 위나 터널 안에 있다면 서행하여 빠져나온다.

- **엘리베이터**

최근의 엘리베이터는 지진을 감지하면 자동으로 가장 가까운 층에서 정지하므로 해당 층에서 내린다. 자동으로 멈추지 않을 때에는 모든 층의 버튼을 눌러서 멈춘 곳에서 내리도록 하자.

- **극장이나 공연장**

좌석 사이에 웅크리고 앉아 가방이나 옷으로 머리를 보호하자. 머리 위에 큰 조명 같은 것이 있다면 주위 사람들에게 알리면서 그 장소를 벗어난다. 진동이 잦아들면 직원의 지시에 따라 이동한다.

- **지하상가**

지하상가는 비교적 안전한 구조로 만들어져 있다. 진동이 느껴진다고 당황해서 밖으로 도망치지 말고, 머리를 보호하며 큰 기둥이나 벽에 몸을 기댄다. 진동이 잦아들면 지상으로 나간다. 화재가 발생했으면 옷 등으로 코와 입을 막고, 몸을 낮춘 상태로 이동한다.

화재에 주의한다

 화재는 평소에도 위험하지만 지진이 일어났을 때는 더욱 주의해야 한다.

 먼저 가정용 소화기를 준비해두자. 가족 모두 사용법을 숙지하고, 부엌 근처나 현관 구석에 둘 것을 권장한다.

 방재 지도에 따라서는 거리에 소화기가 설치된 곳을 빨간 점으로 표시해놓은 것도 있다. 집 근처 어디에 소화기가 있는지를 확인해두는 것도 도움이 된다.

● **소화기 사용법**
1. 안전핀을 뽑는다.
2. 호스(노즐)를 불이 난 쪽으로 향하게 잡는다.
3. 손잡이를 꽉 움켜쥐어 분사한다.

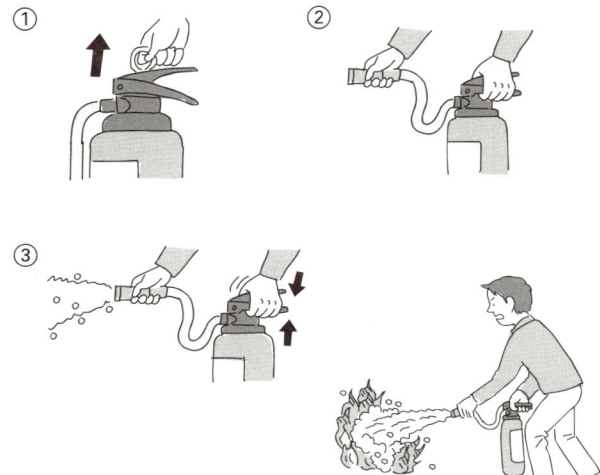

● **소화 요령**

1. 자신의 안전을 위해 대피할 수 있는 방향을 등지고 소화한다.
2. 타오르는 화염과 연기에 당황하지 말고 불이 난 원인을 제거할 수 있도록 분사한다.
3. 불길이 다시 일어날 수 있으므로 만일을 위해 물을 뿌려 완전하게 불씨를 끈다.

또한 지진 직후에는 가스가 새는 경우가 있다. 가스가 새는 것을 모르고 라이터를 사용하면 가스에 불이 붙어 폭발할 위험이 있다. 될 수 있는 대로 불은 사용하지 않도록 하자.

이밖에도 통전通電으로 인한 화재도 있다.

통전화재 사고는 대규모 지진으로 정전이 되었다가 복구되었을 때 자주 발생하는 전기 화재다. 넘어져 있는 가전제품이나 파손된 전기배선에 전류가 갑자기 흐르는 것이 원인이 되어 화재가 발생한다.

1995년에 발생한 고베 대지진 때는 원인이 밝혀진 건물 화재의 60퍼센트가 통전 때문이었다고 한다. 따라서 지진 직후와 피난할 때는 반드시 차단기를 내리는 것이 중요하다.

그리고 만약 화재 현장에 있다면 어떤 행동을 취해야 할지 아는 것이 무엇보다도 중요하다. 주로 다음의 3단계 행동을 취해야 한다.

1단계 **알린다**

가장 중요한 것은 '알리는' 행동이다. '이 정도 작은 불이라면 내가 끌 수 있어', '작은 불이니까 수선 떨 필요 없을 거야'와 같은 생각은 절대 해서는 안 된다. 이는 다른 사람까지 위험에 처하게 하여 돌이킬 수 없는 결과를 가져올지도 모른다. '대피할 수 있도록', '도움을 받을 수 있도록', '119에 전화할 수 있도록'과 같이 여러 의미를 담아서 '알리는' 행동을 취하자.

2단계 초기 진화

그다음으로 '초기 진화'를 한다. 불이 위로 번지지 않았다면 아직은 끌 수 있는 상황이므로 서둘러서 진화하도록 한다. 소화기나 물뿐만 아니라 물에 적신 쿠션이나 모포 같은 것을 휘둘러서 불길을 잡는 것도 효과가 있다.

만약 근처에 화재 진압을 도와줄 수 있는 사람이 있다면 구체적으로 지시해서 도움을 받도록 하자.

3단계 빨리 대피한다

마지막 단계는 '빨리 대피하는 것'이다. 천장까지 불길이 번졌다면 더 이상 불을 끄는 행동을 하기는 어렵다. 무리하지 말고 대피하자. 이때에도 주변에 '알리는' 행동을 계속해야 한다.

화재에서 무서운 것은 '연기'다. 화재로 발생하는 연기에는 일산화탄소와 같은 유독가스가 포함되어 있다. 이러한 연기를 흡입하면 사망에 이를 수도 있으므로 피난할 때에는 매우 주의해야 한다. 화재 시 질식사 비율은 60~70퍼센트에 달한다.

자연재해가 자주 일어나는 미국에서는 어린이를 위

한 화재 예방 프로그램이 적극적으로 도입되어 있어서, 모든 어린이가 연기가 가득한 곳에서 이동하는 법, 자신의 옷에 붙은 불을 끄는 법과 같이 긴박한 상황에서도 살아남을 수 있는 지혜를 배운다고 한다.

우리의 방재 교육에도 피난 훈련과 함께 화재 예방 프로그램을 도입하면 방재력을 효과적으로 높일 수 있을 것이다.

연기 속에서는 어떻게 피난할까?

먼저 물에 적신 수건이나 손수건 등으로 입과 코를 막는다. 수건이 없다면 넥타이나 다른 의류라도 괜찮다. 섬유에 포함된 물은 유독가스를 어느 정도 흡수하고 유입되는 고온의 공기 온도를 낮춰준다.

그리고 앞이 잘 보이고 짧은 거리라면 숨을 멈추고 단숨에 달려서 빠져나간다.

연기가 가득한 실내에서는 당

황하기 쉽지만 바닥 쪽에는 아직 공기가 남아 있는 경우가 많으므로 침착하게 바닥에 엎드려 기어서 이동한다.

칼럼 3

'방재의 날'과 '쓰나미 방재의 날'

일본에서는 9월 1일이 '방재의 날'로 지정되어 있다. 1960년 내각회의에서 태풍, 쓰나미, 지진과 같은 재해에 관한 인식을 넓히고, 재해에 대처하는 마음가짐을 다지기 위해 방재의 날을 제정했다.

그리고 '방재의 날'을 포함하는 1주간(8월 30일부터 9월 5일까지)인 '방재 주간'에는 전국 각지에서 방재에 관한 행사가 열린다.

방재의 날이 9월 1일로 정해진 데는 몇 가지 유래가 있는데, 10만 명 넘게 사망하거나 실종된 '간토 대지진'이 발생한 날이 1923년 9월 1일이기 때문이라는 설이 가장 유력하다.

이 시기는 태풍이 접근·상륙하는 일이 많으므로 방재에 관해 더 생각해야 하는 시기기 때문인 듯도 하다.

또한 2011년부터 11월 5일을 '쓰나미 방재의 날'로 제정했다. 이것은 1854년 11월 5일에 발생한 안세이 난카이 대지진이 그 기원이다.

이 지진으로 말미암아 많은 마을이 쓰나미 피해를 입었지만, 와카야마 현 히로 촌(현재의 히로카와 정)에서는 촌장인 하마구치 고료(1820~1885)가 갓 수확이 끝난 볏짚에 불을 붙여, 어둠 속에서 미처 피난하지 못하고 있던 사람들을 높은 곳으로 피난할 수 있도록 도와서 많은 생명을 구한 '이나무라의 불'이라는 일화가 남아 있다.

그리고 이 11월 5일은 2015년 12월 22일 국제연합 본회의에서 193개국 만장일치로 '세계 쓰나미의 날'로 제정되어서, 쓰나미의 위협과 대책을 위한 의식을 높이는 세계적인 기념일이 되었다.

| 제 5 장 |

쓰나미

'예상치 못한' 큰 재해에는 어떻게 대처할까?

　해저에서 발생한 지진 때문에 육지로 바닷물이 밀려드는 것을 쓰나미라고 한다. 자주 발생하지는 않지만 한 번 발생하면 몹시 큰 인명 피해를 낳는다. 한 예로, 1707년에 발생한 호에이 지진(난카이 해구 거대 지진)에서는 이즈 반도부터 규슈 지방, 세토 내해까지 쓰나미가 덮쳐서 2만 명이 넘는 사람이 희생되었다. 또한 1771년 오키나와 현 야에야마 섬 인근에서 발생한 지진으로 대형 쓰나미가 발생해서 1만 2,000명의 희생자를 낳았다. 쓰나미에 관한 슬픈 역사는 기록으로 많이 남아 있다.

　그리고 2011년 도호쿠 지방 태평양 먼바다에서 발생한 지진으로 인한 쓰나미 재해를 우리는 생생하게 기억한다. 일본에서는 제2차 세계대전 이후 가장 큰 규모인 2만 명의 인명 피해가 발생했다. 이와테 현 미야코 시를 덮친 쓰나미는 높이가 40.5미터나 되었고,

미야기 현 기타카미 강에서는 쓰나미가 강을 50킬로미터나 거슬러 올라갔다고 한다.

쓰나미는 주변 지역을 넓게 파괴한다. 그러므로 강한 지진이 발생한 직후에는 강이나 해안으로부터 가능한 한 멀리 피할 수만 있어도 많은 생명을 구할 수 있다.

'대피하는 방법'을 정한다

도호쿠 산리쿠 지방에는 '쓰나미 덴덴코'라는 말이 전해져온다. 오랜 옛날부터 전해오는 말로 잘못 아는 사람들이 있지만 사실은 1990년에 개최된 '일본 연안 자치단체 쓰나미 정상회담' 이후에 유행한 표어로 그 역사가 길지 않다.

'쓰나미 덴덴코'는 '쓰나미가 오면 가진 것 다 버리고, 가족도 신경 쓰지 말고, 각자 뿔뿔이 흩어져 높은 곳으로 도망쳐라'라는 뜻이다.

이 표어의 핵심은 '다른 사람은 내팽개치고 혼자 도망치자'는 것이 아니라, 미리 서로가 취할 행동을 합의해두자는 것으로, '뿔뿔이 흩어진 가족을 찾거나 순간적으로 주저해서 피난하지 못하게 되는 일이 없도록 하자'는 것이다.

장소에 따라서는 지진 발생 후 10분 안에 쓰나미가 몰려올 것으로 예상되는 곳도 있다. 평소 서로를 신뢰하면서 쓰나미에 대처하는 방법에 대해 이야기해둠으로써 살아남기 위한 준비와 마음가짐을 철저히 해두는 것이 중요하다.

재해는 '예상'을 뛰어넘는다

일본은 쓰나미의 규모를 예상하여, 자국이 보유한 세계 최고 수준의 하드 인프라 기술을 활용해 쓰나미에 대비하는 구조물을 많이 설치했다. 쓰나미를 만 입구에서 막는 '만구 방파제', 강 입구에서 막는 '수문', 먼바다에서 막는 '방파제', 연안 육지에서 막는 '방조제'와 같이 다양한 구조물이 있다. 이런 구조물은 쓰나미의 힘을 약화시키므로 이것만으로도 마음이 든든해진다.

하지만 재해는 종종 '예상'을 뛰어넘는 규모로 덮쳐온다는 사실을 잊어서는 안 된다.

이와테 현 가마이시 시에는 '세계 최대 수심의 방파제'로 기네스북에 오른 가마이시 항만 방파제가 있었다. 이 방파제는 상당히 튼튼했지만 지난 동일본 대지진 쓰나미로 파괴되었다. 이때 몰려온 쓰나미는 '세계 최고의 방파제가 있으니 안심해도 된다'는 생각에 피난하지 않았던 많은 사람을 삼켜버렸다.

이 방파제는 쓰나미를 6분간 막아냈다고 한다. 6분 덕분에 목숨을 구한 사람도 있으므로 방파제와 같은 하드 인프라가 결코 헛된 것은 아니다. 다만, 앞으로는 각자의 방재 의식과 같은 소프트 인프라와 융합한 방재 대책이 중요하다.

동일본 대지진 이후, 쓰나미 해저드 맵을 재검토하고 새로 만들어야 한다는 목소리가 커졌다. 거주 지역의 쓰나미 해저드 맵이 예전 것이든 새로 만들어진 것이든, 예상을 뛰어넘는 쓰나미가 올 수 있다. 따라서 '이 대피소는 위험할 것 같아', '시간이 되는 대로 바다에서 멀리 떨어진 대피소로 가자' 같은 식으로 피난에 대해 다시 검토해보는 것은 어떨까?

쓰나미가 발생했을 때 행동 요령

쓰나미로부터 몸을 보호하는 방법은, 바다나 하천과 같이 쓰나미가 덮쳐올 수 있는 곳에서 될 수 있는 대로 '멀리 떨어진다'는 지극히 단순한 것이다.

그럼에도 불구하고 매번 많은 희생자가 발생하는 이유는 다른 재해와 비교했을 때 위험이 다가오고 있다는 것을 그 순간까지도 알아차리기 어려워서 '괜찮겠지'라는 재해 심리가 작용하기 때문이다.

이와 같은 심리에 대한 이해를 바탕으로 쓰나미에 관한 올바른 지식을 가지고 여러 사항에 주의하며 피난해야 한다. 큰 지진의 발생으로 쓰나미 가능성이 있다면, 다음의 각 사항을 잘 생각하며 무조건 빨리, 시간이 허락하는 한 물에서 먼 곳으로 이동하자. 특히 해안가가 U자 혹은 V자 형이면 수면이 중첩되어서 물결이 더 높아지니 주의하자.

포인트 ① **'멀리'보다 '높이'**

일본에는 해안선으로부터 몇 킬로미터나 평지가 계속되어 고지대가 없는 지역이나, 지형 특성상 피난하기 어려운 지역이 있다. 또한 쓰나미가 벌써 만 입구까지 도달했거나 높은 곳까지 피난할 시간이 없을 수도 있다. 이런 상황에서는 무조건 '멀리' 가는 것보다 '높이' 피하도록 하자. 철근 콘크리트 건물에서는 될 수 있는 대로 높은 층(5층 이상)이 바람직하다. 단, 이 경우에도 될 수 있는 대로 해안에서 멀리 떨어진 건물을 찾도록 하자.

지역에 따라서는 긴급 피난 시설로 '쓰나미 피난 건물'로 지정된 곳도 있다. 2016년에는 고치 현 무로토 시가 일본에서 처음으로 '쓰나미 피난처'를 지정했다. 여러분이 거주하는 지역에도 쓰나미 피난 건물이 있는지 미리 확인해두자.

▶ 쓰나미 피난 건물 표지 (일본)

▲ 지진해일 대피로 표지(한국)

포인트 ② 지진의 진동에 익숙해지면 안 된다

'이 정도 진동은 괜찮아'라며 본인의 기준으로 판단하는 사람이 있다. 하지만 과거에는 진도 3에도 큰 쓰나미가 덮쳐온 경우가 있었고, 큰 지진이 있었는데도 전혀 진동이 없다가 쓰나미가 도달한 해외 사례도 있다. 지진의 흔들림에 익숙해지지 말고, 냉정하게 판단할 수 있어야 한다.

포인트 ③ 자동차를 이용하지 않는다

자동차를 이용하지 않는 것이 원칙이다. 자동차로 피난하려는 사람들로 인해 교통 정체가 발생해서 차와 함께 쓰나미에 휩쓸려갈 위험이 있기 때문이다.

만약 차량에 탑승하고 있을 때 재해를 당했다면, 긴급 차량에 방해가 되지 않도록 도로에서 확실하게 벗어난 곳에 차를 세우고, 본인의 두 다리로 대피해야 한다. 빼곡하게 종렬 주차를 하고 대피하면 뒤에 오는 차가 단순한 차량 정체로 착각해서 대피하지 못하고 희생당할 수도 있다.

포인트 ④ '쓰나미 주의보'라도 가볍게 여기면 안 된다

1미터가 넘는 쓰나미가 오는 상황이라면 '쓰나미 경보'가 발령된다. 이에 비해 '쓰나미 주의보'는 20센티미터~1미터 정도에서 발령되므로 가볍게 생각하기 쉽다.

하지만 50센티미터 정도의 작은 쓰나미라고 해도, 해수욕장을 덮친다면 아이들을 간단히 휩쓸어버리고, 어른도 위험할 수 있다. 지진이 발생하면 쓰나미 주의보와 쓰나미 경보를 잘 확인하고, 반드시 바다에서 멀리 떨어진 곳으로 피해야 한다.

알아두면 유용한 쓰나미 기본 지식

쓰나미는 다른 자연재해와 다른 특징을 가지고 있다. 피난 방법도 중요하지만, 살아남기 위한 지혜로 쓰나미에 대한 기본 지식을 알고 있으면 더 좋을 것이다. 어떤 위험이 있는지 제대로 이해하자.

쓰나미는 여러 번에 걸쳐 온다

쓰나미는 제1파, 제2파, 제3파와 같이 여러 번에 거쳐서 덮쳐온다. 연안 지역에서 들어오는 파도와 반사되어 나가는 파도의 영향으로 몇 번이나 쓰나미가 발생하는데, 중요한 것은 그 시간차다.

1968년에 발생한 도카치 먼바다 지진에서는 하치노헤 항구에 하루 동안 30분 간격으로 계속해서 쓰나미가 몰려왔다고 한다. 때에 따라서는 몇 시간이 지나 안심하고 있을 때 다음 쓰나미가 오기도 한다.

어떤 경우에는 제1파보다 더 강한 제2파, 제3파가

오기도 한다. 그러므로 일단 피난한 후에는 피난 해제가 발표될 때까지 지대가 낮은 지역으로 되돌아가지 않아야 한다.

쓰나미는 썰물 후에 온다고 장담할 수 없다

쓰나미가 오기 전에는 반드시 썰물처럼 바닷물이 빠져나간다고 생각하기 쉽지만, 꼭 그런 것은 아니다. 물이 빠져나가지 않은 상태에서 갑자기 쓰나미가 덮쳐오기도 한다.

제1파가 밀려올지 빠져나갈지는 진원 바로 위 해저가 어떻게 움직이는가에 달려 있다. '쓰나미의 전조인 썰물을 확인하고 대피하자'라고 판단하면 위험하므로 강한 흔들림을 느꼈다면 재빨리 바다에서 멀리 떨어진 곳으로 피하자.

쓰나미는 강을 거슬러 올라간다

쓰나미는 강을 거슬러 올라가서 강 주변을 파괴하고, 때에 따라서는 몇 십 킬로미터나 내륙으로 들어오기도 한다.

1854년 안세이 난카이 지진 때, 지진이 발생하고 약

두 시간이 지난 후 쓰나미가 오사카 만에 도달해서, 오사카 시를 흐르는 하천을 거슬러 올라가 340명의 생명을 앗아갔다. 쓰나미 경보가 발령되었다면, 내륙지방에 있더라도 하천 가까이에는 가지 않아야 한다.

'쓰나미 화재'가 발생할 수 있다

'불'과 '물'이라고 하면 서로 양립하지 못할 것 같지만 쓰나미로 인한 화재는 드물지 않게 발생한다.

1993년 홋카이도 남서 해역에서 발생한 지진으로 인한 쓰나미가 오쿠시리 섬을 덮쳤을 때 192채의 가옥이 화재로 소실되었다. 2011년 동일본 대지진 때에도 각지에서 화재가 발생해서, 지진 발생 후 한 달간 도호쿠 지방에서는 쓰나미로 인한 화재가 약 400건에 달했다고 한다.

최근 일본에서는 수출이 활발하므로 항구에 많은 산업 단지가 조성되어 있고, 그곳에는 석유 저장고와 같은 위험물이 가득하므로 옛날보다 쓰나미로 인한 화재 위험이 더 커졌다고 할 수 있다. 불의 존재도 항상 염두에 두자.

칼럼 4

아프리카의 청년

나는 업무 관계로 해외에 나갈 일이 많다. 그중 우간다 공화국에서 방재에 관해 놀라운 경험을 한 적이 있다. 아프리카 동부에 있는 우간다 공화국은 '아프리카의 진주'라고 불리며, 초목이 많아 대자연에 감싸 안겨 있는 것처럼 보인다. 그리고 지진이 전혀 일어나지 않는 지역이라 쓰나미의 위험성에 대해서는 전혀 인식하지 못하는 나라다.

나는 이런 우간다 공화국 남서부에 있는 산골 마을에서 홈스쿨 운영을 지원하는 업무를 수행하고 있다. 운영 자체는 현지인에게 맡기고 정기적으로 방문해서 시설 정비나 의견 청취를 한다.

느닷없이 아무 상관없어 보이는 아프리카 이야기를 하는 것은, 어느 평범한 오후에 현지 아프리카 청년과 있었던 일을 소개하기 위해서다.

"이봐, 일본에 큰 쓰나미가 와서 난리가 났다며?"
"그랬지. 많은 사람이 죽었어."
"안타깝네. 그런데 쓰나미가 뭐야?"

나는 순간 어이가 없었다. 하지만 동시에, 기초적인 교육도 제대로 이뤄지지 않는 나라에서 자신과 아무 상관없는 자연재해에 대해 알지 못하는 건 당연하다고 생각했다.

동일본 대지진이 발생했을 때 해외에서도 많은 지원과 응원의 목소리를 보내주었다. 하지만 과연 쓰나미에 대해 제대로 알고 있었던 사람은 얼마나 될까?

"지진으로 땅이 흔들리면 쓰나미가 온다고? 무슨 소리야? 전혀 모르겠어."

인도네시아를 방문했을 때, 다음과 같은 이야기를 들었다. 2004년 수마트라 섬 부근 인도양에서 지진이 일어났을 때, 큰 진동 후 바닷물이 빠져나가더니 엄청난 양의 물고기가 갯벌에 남겨졌다. 이것을 '신의 축복'이라며 많은 사람이 물고기를 잡으러 갔고, 그 결과 쓰나미에 휩쓸렸다. 매우 가슴 아픈 일이지만 이런 예는 더 많이 있다고 한다.

쓰나미가 발생하면 그 전후로 썰물처럼 물이 빠져나가기도 하지만 물이 빠져나가지 않고도 제1파가 오기도 하므로 주의가 필요하다. 이런 지식이 없다면 죽음에 직면할 위험성도 커진다.

일본에서도 비슷한 일이 있을 수 있다. 잘 모를수록 어떻게 행동해야 할지 몰라서 자신은 물론 주변 사람의 생명까지 위험에 빠뜨리는 행위를 할 수도 있다. 방재와 교육은 떼려야 뗄 수 없을 정도로 깊이 이어져 있다.

최근에는 우간다에서도 많은 사람이 휴대전화를 사용한다. 식수나 전기가 충분하지 않은 산골 마을에서도 휴대전화를 사용하는 것을 보면 이상하다는 생각도 든다.

앞으로 세계화가 한층 더 진행되면, "쓰나미가 뭐야?"라고 하던 사람이 재해가 발생하는 나라로 여행을 가거나 그런 나라에서 거주하는 일도 더 많을 것이다. 그때 재해에 관한 지식이 전혀 없다면 얼마나 무섭겠는가. 나는 우간다 공화국을 여러 번 방문하면서, 조금씩이라도 재해에 대한 지식을 공유할 수 있으면 좋겠다고 생각했다.

| 제 6 장 |

태풍과 홍수

주변 곳곳에 숨어 있는 풍수해

'풍수해'는 말 그대로 바람과 비로 인해 발생하는 재해다. 재해 희생자 중 풍수해로 인해 희생된 사람의 비율이 가장 크다(동일본 대지진은 제외).

《2015년도 방재백서》에 포함된 '자연재해에 따른 사망·실종 현황'(오른쪽 도표 참조)에 따르면, 그 비율은 무려 50퍼센트나 된다.

그만큼 풍수해는 일본에 큰 피해를 주는 재해 중 하나라고 할 수 있다.

태풍은 여러 형태의 피해를 일으킨다

일본은 장마전선과 태풍 때문에 비가 많이 내린다. 연평균 강수량은 1,714밀리미터로 세계 평균인 973밀리미터보다 두 배 가까이 많은 양이다. 순위로는 세계 4위에 해당하므로 세계 최고 수준이라고 해도 과언은 아니다.

- 풍수해 1,083명 – 50%
- 지진·쓰나미 117명 – 6%
- 눈 피해 908명 – 42%
- 기타 48명 – 2%

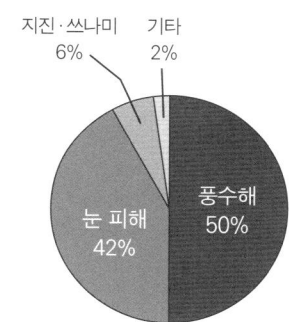

자연재해로 인한 사망 및 실종 현황
(1998-2013)

특히, 연평균 26개나 되는 태풍이 일본에 상륙한다. 상륙한 태풍은 폭풍우로 하천을 범람하게 하고, 저지대를 침수시킨다. 태풍이 동반한 집중호우로 인해 도시의 생활유지시설이 파괴되고, 지하실에 많은 물이 흘러들어 희생자가 나오기도 하는 등 태풍은 여러 가지 형태로 피해를 일으킨다.

최근에는 대형 태풍 하이옌 때문에 필리핀 레이테섬을 중심으로 1만 명에 가까운 사망자가 발생했다. 이 정도 규모의 태풍이 일본을 덮치지 말라는 법은 어디에도 없다.

1828년에는 대형 태풍 지볼트가 일본에 상륙해서 2만 명이 넘는 사망자가 발생했다. 기술이 발전함에 따라 당시보다 재해에 잘 견디도록 사회기반시설을 정비했지만, 지볼트 규모의 태풍이 다시 상륙하면 역시 심각한 피해를 당할 수밖에 없을 것이다.

비가 내리면 이류의 위험도 커진다

그리고 이류泥流에 의한 피해도 잊어서는 안 된다. 이류는 산이나 낭떠러지의 흙과 모래, 돌 등이 무너져 내려 빗물이나 하천과 섞여 가옥이나 도로를 덮치거나 인명을 빼앗는 자연재해다. 전국 각지에 이류 위험 장소가 지정되어 있다.

각자가 거주하는 지역에서 풍수해로 인한 위험이 예상되는 지역은 어디인지 해저드 맵 등을 이용해 잘 확인해두자.

다만 해저드 맵의 예상을 크게 넘어서는 재해도 매년 증가하고 있으므로 주의보나 경보가 발령되기 전이라도 빨리 피난하자.

큰비가 내렸을 때 행동 요령

앞서 설명한 대로 일본은 세계적으로 비가 많이 내리는 나라다. 그중에서도 특히 '태풍'에 주의해야 한다.

태풍은 북태평양 남서부와 남중국해에서 발생한 열대성 저기압이 일정한 수준(세계기상기구는 풍속 33m/s 이상이면 태풍이라 하지만 일반적으로는 풍속 17m/s 이상이면 태풍이라 한다_역자 주) 이상으로 강해진 것을 가리킨다. 여름부터 가을에 걸쳐 발생해서 매우 강한 비와 바람을 동반하면서 일본을 통과한다.

큰비로부터 몸을 보호하기 위한 대전제는 비를 가볍게 보지 않는 것이다.

'비는 평소에도 자주 내리잖아', '비는 익숙하지'라고 생각하지 말고, 위험한 장소에는 절대 가까이 가지 않도록 한다.

특히 많은 비가 오랜 시간에 걸쳐 계속 내렸을 때는 더 위험하다. 어떤 장소에서 어떤 재해가 발생하기 쉬운지를 정확하게 이해하도록 하자.

하천 지역 범람

하천 지역은 범람할 가능성이 있다. 범람은 하천이 넘쳐흐르는 현상으로, 최악의 경우에는 제방이 무너지기도 한다. 제방이 무너지면 대량의 강물이 쓰나미처럼 마을을 덮칠 수 있다.

2015년 9월 9일부터 9월 11일까지 내린 '2015년 9월 간토·도호쿠 호우' 때는 1급 하천인 기누 강에서 제방이 파괴되기 시작해서 전국 85개 하천의 제방이 파괴되어 범람이 발생했다. 이와테 현부터 가가와 현까지 1도 19현에서 약 24만 명에게 피난 지시, 약 315만 명에게 피난 권고가 내려질 만큼 큰 재해였다. 앞으로도 하천이 있는 지역에서는 주의를 기울여야 한다.

해발 0미터 지대의 만조

해안에 가까운 해발 0미터인 지역은 만조(滿潮)로 인해 큰 피해를 당하기도 한다. 태풍의 저기압이 강풍을 일으켜 해수면이 상승하면 만조가 되어 바닷물이 덮칠 수 있다.

1959년 9월 26일에 발생한 이세 만 태풍 때는 만조로 인해 많은 마을이 물에 잠겼다. 이로 말미암아 미에 현과 아이치 현을 중심으로 5,000명 이상이나 희생되었다. 이렇게 역사에 남은 대형 재해를 통해 알 수 있듯이, 바닷물이 마을에 흘러들어오면 대형 참사를 일으킨다. 따라서 재해가 일어나면 바다 근처에는 가지 않도록 하자.

저지대 침수

도로보다 낮은 토지에 있는 건물과 지하실은 빗물이 흘러들어 피난하기 어려운 상황이 발생할 수 있다.

과거에 실제로 후쿠오카와 도쿄 등지에서 지하에서 빠져나오지 못해 사망한 사례도 있었다. 비가 강하게 내리면 지대가 낮은 곳으로 가지 않아야 한다.

또한 자신의 집이 그런 저지대에 있다면 침수에 대

비해서 차수판과 모래주머니를 활용해서 물이 흘러들어오지 못하게 대책을 세우도록 하자.

평야의 회오리

평야 지역은 맹렬한 회오리가 발생하기 쉬운 지형이므로 다른 곳보다 주의가 필요하다.

회오리는 적란운이 발달하며 동반하는 강한 상승기류에 의해 발생하는 공기의 강한 소용돌이다. 전봇대와 나무를 꺾어버리고 가옥을 파괴할 정도로 강력하므로 매우 위험하다. 사람이 직접 부딪힐 경우에는 도저히 버텨낼 수 없다.

회오리가 접근해오면 하늘이 갑자기 어두워지고, 기압 변화로 귀가 먹먹해지거나, 물건들이 원통형으로 하늘로 올라가는 등의 현상이 생긴다. 회오리 주의보가 발령되면 다음과 같이 적절하게 행동하고 안전한 곳으로 피난하자.

● **실내**
- 창문을 닫고 커튼을 친다.
- 될 수 있는 대로 건물의 중앙부나 창이 없는 공간으로 이동한다.
- 지하실이나 가장 아래층으로 이동한다.

- **실외**
- 근처의 튼튼한 건물로 피난한다.
- 차 안이나 창고 등으로는 피하지 않는다.
- 근처에 튼튼한 건물이 없다면 건물 옆에 몸을 낮추고 두 팔로 머리와 목을 보호한다.

산간부 이류

산간부에 집중호우가 내리면 산기슭에서 이류가 발생할 위험이 있다.

또한 언덕을 깎아 만든 조성지도 지질이 불안정하므로 호우로 지반이 약해지는 것에 주의해야 한다. 지금부터 이런 위험에 대해 상세하게 설명하겠다.

이류가 발생했을 때 행동 요령

 일본은 국토의 약 70퍼센트가 산지이며 지질도 재해에 매우 취약하다. 국토교통성이 발표한 자료에 의하면 '이류 위험 장소'는 일본에 약 52만 5,000곳이나 있다. 세계에서 네 번째로 비가 많은 나라인 만큼 일본에서는 매년 평균 1,000건이 넘는 이류가 발생하고 있다.

 이류의 큰 특징은 돌발적이라는 것이다. 대개의 경우는 강물의 수위가 서서히 올라가거나 홍수가 서서히 퍼져나가는 것이 눈에 보이므로 앞으로 어떻게 될지 시각적으로 상상할 수 있지만 이류는 다른 풍수해와 달리 갑자기 덮쳐오는 토사재해다.

 최근에는 2013년에 39명이 사망한 도쿄 도 오시마 정, 2014년에 74명이 사망한 히로시마 현 히로시마 시에서처럼 매우 큰 이류가 계속 발생하고 있으며, 크고 작은 이류로 말미암아 매년 많은 희생자가 발생하고 있다.

안타까운 마음이 들게 하는 히로시마의 이류

나는 히로시마에서 이류가 발생하기 직전에 방재 강연을 위해 세 번이나 히로시마 시와 구레 시를 방문해서 이류의 위험성에 관해 이야기했다.

강연이 끝나고 출구에 있던 중년 남성 한 명이 "히로시마는 재해가 적은 지역이에요"라고 웃으면서 내게 말했던 것이 아직도 인상 깊게 남아 있다. 몇 번이나 언급했던 '내가 사는 곳은 괜찮아'라는 문제다. 그 남성이 피해를 당했는지는 알 수 없지만 무사하기를 바랄 뿐이다.

히로시마 현은 지진이 그다지 자주 발생하지 않는지역인 것은 분명하다. 반면 이류 위험 장소는 전국의 다른 현에 비해 압도적으로 많다. 결코 재해가 적은 현이라고 말할 수 없다는 사실을 알아야 한다.

이류 위험 장소가 1만 곳 넘게 있는 현도 22곳이나 된다. 이류 위험이 전혀 없는 현은 없으므로 이류는 언제 어디서 발생해도 이상할 것이 없는 재해다.

이류로부터 자신을 보호하는 방법은 일단 빨리 안전한 장소로 피하는 것이다. 유례없이 격렬한 비가 오랜 시간에 걸쳐 계속 내린다면 빨리 위험한 곳에서 피

1위	히로시마 현	31,987개
2위	시마네 현	22,296개
3위	야마구치 현	22,248개
4위	효고 현	20,748개
5위	오이타 현	19,640개
6위	와카야마 현	18,487개
7위	고치 현	18,112개
8위	아이치 현	17,783개
9위	나가사키 현	16,231개
10위	미에 현	16,206개

일본의 이류 위험 장소 개수

하도록 하자. 만약 피난할 여유가 없다면 철근 콘크리트처럼 튼튼한 자재로 만들어진 건물의 2층 이상이나 산비탈의 반대쪽으로 이동하자.

 이류의 전조 현상을 잘 알고 있는 것도 매우 중요하다. 이류는 갑자기 발생하지만 발생 전에 전조가 나타나기도 한다. 전조 현상은 마지막 경고 역할을 하므로 이 경고 신호를 놓치지 말아야 한다.

 이류에는 '산사태', '지층 미끄러짐', '토석류'가 있고, 피해의 절반 이상을 산사태가 차지한다.

산사태

땅속에 스며든 빗물 때문에 땅의 저항력이 약해져서 부드러워진 경사면이 갑자기 무너져내리는 현상이다. 사람이 사는 주택 근처에서도 갑자기 발생하므로 미처 피하지 못하고 희생당하는 사람도 매우 많다.

눈에 띄는 전조: 작은 돌이 후드득 떨어진다. 경사면에 균열과 변형이 생긴다. 경사면이 부풀어 오르기도 한다.

지층 미끄러짐

지반이 단단하지 못한 토지가 지하수와 중력으로 인해 아래로 미끄러져 내려가는 현상이다. 지층 미끄러짐이 발생하면 넓은 범위에 걸쳐 가옥과 도로에 피해를 준다. 일단 미끄러져 내려가기 시작하면 멈추게 할 수는 없으므로 반드시 피해야 한다.

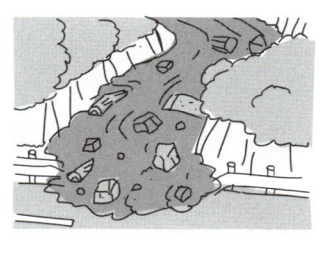

눈에 띄는 전조: 나무와 전봇대가 기운다. 나무뿌리가 끊어지는 것 같은 소리가 난다. 절벽과 경사면에서 물이 뿜어져 나온다.

토석류

오랜 시간 내린 비와 집중호우에 의해 산 중턱에서 흙, 모래, 돌이 한꺼번에 아래로 흘러내려 가는 현상이다. 강하게 흘러내려 가므로 진행 방향에 있는 것을 차례로 삼켜버린다.

눈에 띄는 전조: 강물이 탁해지고 나무가 섞여서 내려오기도 한다. 큰 돌이 굴러가는 소리가 난다. 비는 계속 내리는데 수위가 내려간다.

위험이 닥치기 전에 피한다

풍수해를 피하기 위해서는 각 자치단체와 기상청이 발표하는 피난 정보를 잘 확인해야 한다. 인터넷 홈페이지와 라디오, 방재 무선방송 등을 통해 정보를 입수한다.

'피난 권고'가 발표되고 나서 피난 준비를 하면 이미 늦다. '피난 준비 정보'가 발표되면 앞으로 심각한 상황이 발생할 위험성이 있다는 위기감을 가지고 행동한다.

피난 정보와는 달리 '기록적인 단시간 호우 정보'(시간당 100밀리미터 전후로 비가 내릴 때 발표_역자 주)라는 것도 있다. 나가사키 현 나가사키 시를 중심으로 1982년 7월에 발생한 '나가사키 대형 물난리'가 계기가 되어 만들어졌다. 299명의 사망자 및 실종자가 발생했고, 피난에 대한 정보가 충분히 전달되지 못했던 것이 문제점으로 드러난 재해였다. 이와 같은 기록적인 단시간 호우 정보가 발표되면 큰일이 발생했다는 경고다. 잘 기억해두도록 하자.

피난에 관한 세 가지 정보

| 피난 준비 정보 | 인명피해가 발생할 가능성이 커진 상황에서 발령된다. 해당 지역에 있는 사람은 피난 준비 정보가 발령되면 피난을 시작하자. |

| 피난 권고 | 인명피해가 발생할 가능성이 명백하게 커진 상황에서 발령된다. 가능하다면 피난 권고가 발령되기 전에 피난을 시작하자. |

| 피난 지시 | 인명피해가 발생할 위험이 매우 큰 상황 또는 인명피해가 이미 발생한 경우에 발령된다. 이 시점에는 주민들이 이미 피난을 끝내야 하며, 혹시라도 피하지 못했다면 생명을 보호하기 위한 행동을 취하도록 하자. |

아쉽게도 각 시, 정, 촌과 같은 소규모 자치단체에서 발령하는 피난 권고는 시기를 놓친 경우가 많다.

내각부가 2015년에 발간한 '피난 권고 등에 관한 설문조사 결과(최종판)'에 의하면, 재해가 실제로 발생했을 때 내려진 피난 권고나 피난 지시의 절반은 재해가 발생하기 전에, 나머지 절반은 재해가 발생한 후에 발령되었다고 한다.

즉, 2회 중 1회는 재해가 이미 일어난 후에야 피난해야 하는 상황임을 알렸다는 이야기다. 절대로 '피난 권고가 발령되지 않았다=피난할 필요가 없다'라고 생각해서는 안 된다.

왜 발령이 늦어졌는지 이유를 알아보니, "한밤중이라 발령이 늦어졌다"는 현장의 소리를 많이 들을 수 있었다. 한밤중에 경보를 발령했으나 실제로는 재해가 발생하지 않았던 적이 여러 차례 있었다는 점을 고려하면 제때에 피난 권고를 발령하지 못한 것도 이해가 된다. 하지만 이 설문조사 결과를 보면 흥미로운 사실을 알 수 있다.

피난 권고의 발령 여부나 발령 시기는 주민들이 불만을 느낀 요소에서 큰 비중을 차지하지 않았다. 현장 공무원이 어떤 판단을 해도 주민의 불만은 있기 마련이니 피난 권고를 발령했는데 실제로 재해가 발생하지 않아 주민들의 불만을 살까봐 주저하지 말고 제때에 피난 권고를 발령하길 바란다.

마지막으로 피난할 때 주의해야 할 사항을 정리했다. '빨리 피난하는 것'이 가장 중요하지만 '안전하게 피난하는 것'도 매우 중요하다는 사실을 참고하길 바란다.

포인트 ① **움직이기 쉬운 복장을 한다**

안전모로 머리를 보호하고, '운동화'를 신고 피난하자. 장화를 신고 피난하는 사람이 많은데, 침수 지역일 경우 혹시라도 장화에 물이 들어가면 발이 무거워져서 피난이 힘들어진다. 그리고 장화나 샌들은 쉽게 벗겨지므로 위험물이 빠져 있을지도 모르는 혼탁한 물속에서는 매우 위험할 수 있다.

포인트 ② **단독행동을 하지 않는다**

혼자서 피난하지 말고 가족이나 이웃과 함께 피난하자. 아이와 고령자가 있다면 협력해서 안전을 확보하자. 낙오하지 않게 밧줄로 연결하면 더 안전하게 피난할 수 있다.

포인트 ③ **주변 사람에게 피난을 독려한다**

피난 권고와 같은 정보를 전달받지 못한 사람들이 있을 수도 있다. 생명과 관련된 것이므로 상황이 심각할수록 이웃 사람들에게 적극적으로 피난을 독려하도록 하자.

포인트 ④ 걸을 수 있는 곳은 수심 50센티미터까지

걸어서 지나갈 수 있는 수심은 50센티미터까지다. 물살이 빠른 곳이라면 수심 20센티미터도 매우 위험하다. 이런 상황에서는 무리하게 피난하지 말고, 집이나 근처의 튼튼한 건물에서 가장 높은 층으로 긴급하게 피난한다.

포인트 ⑤ **토석류가 덮쳐올 때 피하는 방법**

토석류의 속도는 시속 20~40킬로미터나 될 만큼 매우 빠르므로 토석류를 등지고 아무리 빨리 도망쳐도 간단하게 추월당한다. 갑자기 토석류를 만나면 토석류가 흘러가는 방향으로 도망치기 쉽지만 토석류의 방향과 '수직 방향'으로 달려서 피해야 한다.

칼럼 5

피난은 부끄러운 일이 아니다

어떤 재해를 당해도 '피난'은 매우 중요하다. 하지만 좀처럼 피난 결정을 내리지 못하고 '아직 괜찮아'를 되뇌는 경우를 많이 보게 된다.

내가 방재 의식에 관해 도쿄 거리에서 인터뷰를 했을 때, "어차피 별일 없을 텐데 혼자서 수선 떨어봤자 창피할 뿐이니까요", "지진이 몇 번이나 일어나도 쓰나미가 오지 않았으니까 이번에도 괜찮을 거로 생각하게 되네요"라고 말하는 사람들이 있었다.

대비했는데 실제로 재해가 발생하지 않았던 경험에 익숙해졌다면, 이솝 우화에 등장하는 '늑대와 양치기 소년'을 생각해보자. 늑대가 나타났다는 소년의 거짓말이 몇 번이나 반복되자 처음에는 놀라 도망쳤던 마을 사람들은 점차 '또 거짓말'이라고 생각하게 되었다. 그러다가 진짜로 늑대가 나타났을 때는 모두 늑대에게 잡아먹혀버리고 말았다. 거짓말이라는 점에서는 다르긴 하지만, 피난 권고가 발령되었으나 실제로 재해가 일어나지 않는 경험이 반복되다 보면 재해에 대한 우리의 위기의식이 점점 옅어지게 되므로 이 이야기가 우리에게 시사하는 바가 크다고 생각한다.

이렇게 위기의식이 옅어진 사람이 많은 한편 이와테 현 리쿠젠타카타 시의 어부 집안에서 자란 한 남성이 이런 이야기를 들려준 적이 있다.

"어릴 때부터 할아버지께서는 아무리 작은 지진이라도 무조건 높은 곳으로 도망치라고 하셨어요. 지진이 100번 일어난다면 100번 도망치라고 말이죠. 겁쟁이라고 놀림 받아도 좋으니까 무조건 도망치라는 이야기를 늘 들으면서 자랐지요. 이제 저는 똑같은 말을 제 아이에게 하고 있어요. 가능하다면 일본의 모든 사람에게도 피난은 부끄러운 일이 아니라는 말을 전하고 싶어요."

이 남성의 경우 동일본 대지진이 일어났을 때 바닷가에 있던 집은 휩쓸려 사라졌지만 가족, 친척과 함께 높은 곳으로 피난해 모두 생명을 건졌다. 피난 권고가 있었으나 실제로는 재해가 발생하지 않는 일들이 반복되다 보면 '지난번에도 별일 없었으니까 이번에도 괜찮겠지'라며 자신의 판단 기준을 근거로 피난하지 않는 사람이 생긴다. 그런 사람에게는 앞서 소개한 남성이 한 다음 이야기를 꼭 전해주고 싶다.

"물론 피난했는데 재해가 발생하지 않으면 저도 약간은 부끄러워요. 하지만 내 가족을 지키지 못하는 것은 훨씬 더 부끄러운 일이에요. '묻는 것은 잠깐의 부끄러움이지만, 묻지 않는 것은 평생의 부끄러움'이라는 일본 속담이 있지요. 약간 다르게 생각하면, 잠깐의 부끄러움을 피하고자 평생 후회할 일을 하느니 아주 작은 진동에도 100번 피난하겠어요."

다만 '그래도 너무 부끄럽다!', '대피소는 싫어!'라고 생각하는 사람도 있을 것이다. 그런 사람은 높은 곳에 사는 여러 지인에게 재해가 발생하면 그곳에서 피난할 수 있도록 미리 양해를 구해두는 것도 좋은 대책이다.

| 제 7 장 |

화산 폭발

일본은 세계에서 손꼽히는 화산 국가

일본은 세계적인 화산 국가다.

일반적으로 분화 가능성이 있는 화산을 활화산이라 부른다. '화산분화예지연락회'라는 일본의 화산 연구 단체는 활화산을 '약 1만 년 이내에 분화한 화산 및 현재 활발한 분화 활동을 하는 화산'으로 정의한다. 이 정의를 근거로 조사하면 일본에는 110개의 활화산이 있는데, 이것은 세계 2위에 해당하는 숫자다.

하지만 거주지 근처에 활화산이 없는 사람에게는 세계 2위라는 순위가 잘 와닿지 않을 수도 있다.

실제 내가 전국을 돌며 강연을 할 때 화산 이야기를 하면 "화산 이야기는 필요 없지 않을까요?"라고 말하는 사람도 있었다.

하지만 지난 약 150년 동안 화산으로 인한 사망자 및 실종자가 1,000명을 넘는다. 또한 110개 활화산 중에서 50개는 향후 100년 이내에 분화할 것으로 보고,

그 사회적 영향을 고려하여 '화산 방재를 위한 감시·관측 체제를 충실히 해야 할 필요가 있는 화산'으로 지정하였다.

가까운 과거에 발생한 화산 재해

- **1958년 6월 24일 아소 산**

  구마모토 현에 있는 아소 산은 세계에서 가장 큰 칼데라(화산 활동으로 오목하게 파인 지형)를 가진 활화산이다.

  최근에도 가끔 화산 가스 등이 분출해 희생자가 발생하고 있지만, 1958년에 분화했을 때는 화산 자갈 때문에 케이블카 작업자를 포함해서 12명이나 목숨을 잃었다.

- **1991년 6월 3일 운젠후겐 산**

  나가사키 현 시마바라 반도에 있는 운젠후겐 산이 약 200년 만에 분화했고, 그 화산 분출물로 인해 약 5킬로미터 떨어진 곳에 있는 주택 390채가 불에 탔고 43명이나 목숨을 잃었다.

  참고로 200년 전에 운젠후겐 산이 분화했을 때는 1만 5,000명이 희생되었다는 기록이 남아 있다.

• 2014년 9월 27일 온타케 산

나가노 현과 기후 현 사이에 있는 온타케 산이 분화해서 63명이나 목숨을 잃었다. 제2차 세계대전 이후 최대의 화산 희생자가 발생한 이유는 여러 가지지만 이곳이 등산지로 인기가 많았고, 단풍 구경이 한창이던 시기였으며, 화산 자갈을 막기 위한 피난처가 없었던 것이 주요 이유로 꼽힌다.

요즘 등산이 취미인 사람이 많고 특히 가족과 함께 등산하는 사람을 많이 볼 수 있다. 친척이나 친구 중에서 등산을 좋아하는 사람이 적어도 한둘은 있기 마련이므로 전혀 등산과 상관없는 사람은 드물다.

화산으로 인한 재해는 넓은 지역에 피해를 주므로 결코 화산 재해가 본인과 관계없다고 생각해서는 안 된다. 화산에 대한 최소한의 지식은 알고 있도록 하자.

화산이 일으키는 재해

화산 재해는 산 인근 지역에 특히 위험하지만 먼 곳까지 피해를 주는 경우도 있다. 화산 재해는 여러 가지 재해를 유발하는데, 크게 다음의 세 가지로 나눌 수 있다.

화산쇄설물로 인한 재해

먼저 '화산쇄설물'로 인한 재해가 있다. 분화구에서 방출되는 분출물을 화산쇄설물이라 부르는데, 여러 종류의 화산쇄설물이 있다.

먼저 화산쇄설물 중에서 지름 2밀리미터 이하인 것은 '화산재'로 분류한다. 화산재는 100킬로미터 떨어진 곳까지 퍼져나가므로 매우 광범위한 지역까지 피해를 준다. 화산재를 흡입하면 호흡이 곤란해질 위험이 있으며, 물과 섞이면 매우 무거워지므로 화산재가 호우와 만나면 순식간에 이류 위험성도 증가하기 때문에 주의해야 한다.

지름 2~64밀리미터인 것은 '화산력', 지름 64밀리미터가 넘는 것은 '화산암괴'라 한다. 지름 50밀리미터인 것은 4킬로미터, 지름 10밀리미터인 것은 10킬로미터까지 날아가므로 화산이 분화하면 멀리 떨어진 곳에서도 머리를 조심해야 한다.

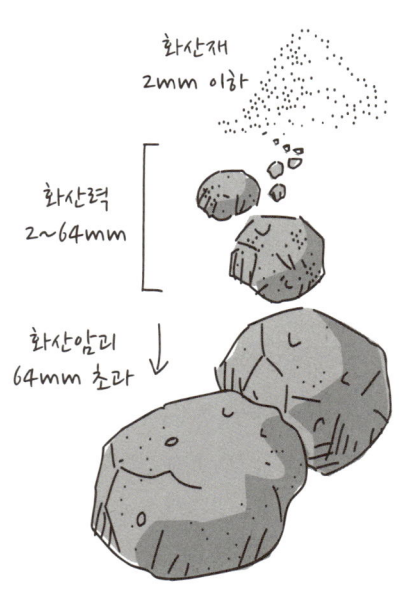

용암류로 인한 재해

화산쇄설물 다음으로 '용암류'로 인한 재해가 있다. 용암류는 분화구에서 흘러나온 마그마가 화산 경사면을 따라 흘러내려 가는 것을 말한다.

다른 재해와 비교해서 움직이는 속도가 느리므로 직접적인 인명 피해는 크지 않지만, 마그마 온도가 섭씨 900~1,200도에 달하는 고온인 만큼 순식간에 삼림과 마을을 태워버린다. 과거에 용암류로 인해 일본의 마을이 매몰된 사례도 있다.

화산쇄설류로 인한 재해

마지막으로 '화산쇄설류'로 인한 재해도 잊어서는 안 된다. 화산쇄설류는 용암과 화산 가스가 섞인 고온의 연기가 화산 경사면을 따라 빠른 속도로 흘러가는 현상이다. 43명이 희생된 1991년 나가사키 현 운젠후겐 산 분화에서는 화산쇄설류가 주요 피해 원인이었다고 한다.

연기의 내부 온도는 수백 도에 달하고, 이동 속도도 빠른 경우에는 시속 100킬로미터나 된다. 일단 화산쇄설류가 발생한 다음이라면 피난 시기를 이미 놓친 것이므로 사전에 해저드 맵을 통해 위험한 지역을 확인하고, 화산 활동이 활발한 때는 화산 근처에는 가지 않는 것이 현명하다.

화산이 분화했을 때 행동 요령

 '좀처럼 화산 재해를 당할 일은 없으니까'라고 생각해서 화산에 관해 아무것도 모르고 지내는 것은 매우 위험하다. 정말 화산 재해가 발생했을 때 적절한 행동을 취하기 위해서는 화산에 관한 지식과 대책을 준비하고 있어야 한다.

포인트 ① 안전모 지참

 활화산을 오르거나 근처까지 간다면 반드시 안전모를 지참하자.

 혹시라도 화산이 분화하면 안전모나 가방으로 머리를 보호하고 될 수 있는 대로 서둘러 분화구에서 멀리 떨어진 곳으로 피한다. 이때 화산 가스와 화산재를 흡입하지 않도록 수건이나 옷으로 입을 가리자.

포인트 ② 분화 정보 확인

 기상청이 발표하는 분화 정보를 자주 확인한다. 분화 경계 수준과 함께 지시도 바뀌지만 조금이라도 이상한 기분이 들거나 위험하다고 판단되면 분화 경계 수준이 높아지기 전이라도 스스로 피난한다.

 여행자라면 경계 수준이 1단계여도 아예 화산 근처에 가지 않도록 한다.

분화 경계 수준

1단계	주의 필요
2단계	분화구 주변 출입 금지
3단계	입산 금지
4단계	피난 준비
5단계	피난

출처: 국토교통성 기상청《분화 경계 수준》을 바탕으로 작성

포인트 ③ 피난처

활화산에 따라서는 피난할 수 있는 참호나 건물이 설치된 곳이 있다. 용암류를 막기에는 부족하긴 하지만 떨어져 내려오는 화산쇄설물에 대해서는 일시적이라도 효과가 있다.

미리 피난처의 위치를 확인하고, 혹시라도 분화가 발생하면 재빨리 피난처로 이동한다. 아사마 산에는 세 군데, 아소 산에는 15군데 피난처가 있다.

하지만 대부분의 활화산에는 경제적인 이유로 피난처가 설치되어 있지 않다. 실제로 피난처가 설치된 활화산은 겨우 12개에 불과하다.

| 제 8 장 |

폭설

지구 온난화로 잦아진 폭설

 겨울이 되어 시베리아에서 불어오는 계절풍이 차가운 공기를 가져오거나 북태평양 먼바다에서 저기압이 발달하면 큰 눈이 내린다.

 일본 국토의 약 절반이 호설지대(우리나라에서는 일반적으로 '습설'이라고 함_감수자 주)로 지정되어 있으며, 적설량 면에서도 세계 최상위권에 속한다. 적설량 세계 1위는 시가 현이, 평지 하루 적설량 세계 1위는 니가타 현이 기록을 가지고 있을 정도다.

 최근에는 온난화의 영향으로 눈이 내리는 횟수는 줄었지만 기온이 올라가면서 증발하는 물의 양이 많아져서 한 번에 내리는 눈의 양이 많이 늘어났다.

 하지만 1년 내내 내리는 것이 아니라는 이유로 적절한 대책을 세우지 않아서 눈에 취약한 마을도 많고, 큰 눈이 내릴 때마다 교통대란과 같은 큰 영향을 받고 있다.

눈이 많이 내렸을 때 행동 요령

지난 20년 동안 발생한 자연재해로 인한 사망 및 실종 현황을 살펴보면 눈으로 인한 희생자가 가장 많았던 해도 있다. 2014년에는 121명이나 눈으로 인해 희생되었다(출처: 2015년도 방재백서).

시간을 더 거슬러 올라가면 2005년 12월부터 2006년 3월 사이에 발생한 '2006년 폭설' 때는 동해 쪽에 기록적으로 큰 눈이 내려 사망 152명, 부상 2,145명이라는 큰 피해가 발생했다. 또한 1963년 1월에 발생한 '38 폭설(쇼와 38년 1월 폭설)' 때는 호쿠리쿠·산인 지방을 중심으로 큰 눈이 내려 사망하거나 실종된 사람이 231명이나 발생했다.

자주 일어나는 재해는 아니지만 눈 피해는 방심할 수 없는 재해임에 틀림없다. 주의해야 할 점을 잘 파악해야 한다.

포인트 ① 제설 작업에 주의한다

폭설로 인한 사망 사고가 가장 자주 발생하는 때는 제설 작업 중이라고 한다. 그중에서도 지붕에서 떨어지는 경우가 매우 많다고 한다. 그러므로 먼저 지붕에서 떨어지지 않도록 몸에 생명줄을 단단히 묶고 안전모를 착용한 상태로 작업해야 한다.

떨어져서 사망한 사람의 약 50퍼센트가 지면에 강하게 부딪힌 것이 사망 원인이라고 한다. 그러므로 지붕 제설 작업을 할 때에는 건물 주변에 눈을 남겨둔 채 작업하는 것이 중요하다.

그리고 여럿이 서로 말을 걸며 작업한다. 맑은 날에는 지붕에 쌓인 눈의 응집력이 약해져 갑자기 눈덩이가 미끄러져 떨어지기도 한다. 그러므로 아래에 있는 사람도 세심하게 주의해야 한다.

포인트 ② 외출할 때는 펭귄 걸음으로

먼저 자동차와 자전거 사용은 자제한다. 자동차를 사용할 수밖에 없는 상황이라면 겨울용 타이어를 장착하고, 차량 내에 삽과 비상식량을 준비해둘 것을 권한다. 그리고 급정거하면 차량이 미끄러지기 쉬우므로 차간 거리를 확보하고 주의해서 운전해야 한다.

걸어서 이동할 때에는 미끄러져 넘어지는 것이 가장 위험하다. 보폭을 줄여, 펭귄처럼 걸을 것을 권한다. 또한 잘 미끄러지지 않는 장화 등을 신는 것도 좋은 대책이다. 이밖에도 넘어졌을 때를 대비해 모자를 쓰는 것만으로도 큰 부상을 피할 수 있다.

포인트 ③ '비축'과 '전력' 확보

만약 집 안에 갇혀 며칠을 지내야 하더라도 평소 식량을 비축해뒀다면 큰 탈 없이 버틸 수 있다.

또한 폭설로 전기가 끊어지는 상황이 발생할 수도 있으므로 발전기나 건전지를 준비해서 정전 대비 전력을 확보하도록 하자.

눈이 많이 내렸을 때는 눈사태도 조심

눈이 많이 내리면 '눈사태'에도 매우 조심해야 한다. 눈사태는 산 중턱에 쌓인 눈이 중력으로 인해 미끄러져서 떨어지는 현상이다. 눈사태는 크게 '표층 눈사태'와 '전층 눈사태'로 나눌 수 있다.

국토교통성의 자료에 따르면, 일본에서 눈사태 위험 지역으로 지정된 장소는 24개 현에서 약 2만 곳이나 된다. 눈이 쌓인 산 근처에 갈 때에는 그 장소가 위험한지 아닌지를 미리 조사해두는 것이 중요하다. 그리고 눈사태의 특징에 대해서도 잘 알아두어야 한다.

일본에서는 1988년부터 매년 12월 1일부터 7일까지 1주일을 '눈사태 방재 주간'으로 지정해서, 본격적으로 눈이 내리기 전에 눈사태에 관한 지식 보급과 홍보활동을 활발히 진행하고 있다.

표층 눈사태

쌓인 지 오래된 눈 위에 새로 쌓인 눈이 미끄러져 떨어지는 현상이다. 눈사태의 속도가 시속 100~200킬로미터에 이를 만큼 매우 빠르며 그만큼 강력하다.

저기압과 강설이 계속되는 시기인 1~2월의 혹한기에 자주 발생한다. 규모가 큰 눈사태는 눈가루가 거대한 연기처럼 피어오르며, 몇 킬로미터에 걸친 넓은 범위에서 발생하기도 하므로 매우 위험하다. 표층 눈사태는 짧은 기간에 큰 눈이 쌓였을 때 주로 발생하므로 주의해야 한다.

전층 눈사태

경사면에 단단하게 쌓인 무거운 눈덩이가 지표면 위로 미끄러져 떨어지는 현상이다. 눈사태의 속도는 시속 40~80킬로미터 정도다. 표층 눈사태에 비해 느리지만 도망치는 사람을 간단히 추월할 정도로 빠르다.

초봄이나 비가 내린 후 또는 기온이 갑자기 올라갈 때 발생할 가능성이 크다. '주름', '잔금', '부풀어 오름'과 같은 전조가 경사면에 보인다면 재빨리 피하도록 한다.

눈사태를 당했다면

혹시라도 눈사태를 당했다면 '눈 속에서 헤엄쳐서 올라온다', '짐을 벗어 던진다', '눈이 멈춘 것 같을 때 양손으로 입 앞에 공간을 만든다'와 같은 행동을 취한다. 특히 양손으로 입 앞에 공간을 만들 수 있다면 생존 가능성을 크게 높일 수 있다.

만약 동료가 눈사태에 휩쓸려 흘러가는 것을 목격했다면 그 모습을 놓치지 않고 지켜보고 혹시 그 모습을 놓쳤더라도 그 지점을 잘 기억해두는 것이 중요하다.

| 단편적인 재해 대피 교육의 문제점 |

"재해에는 정말 여러 가지가 있네요. 비가 많이 내리는 게 이렇게 무서운 것인 줄은 몰랐어요."
"맞아. 언제 어떤 재해가 우리에게 닥쳐올지 알 수 없단다. 그러니까 재해마다 주의해야 할 점을 제대로 알아두면 반드시 도움이 될 거야."
"정말 그럴 것 같아요. 또 다른 얘기 좀 해주세요."
"좋아. 지진이 일어났을 때 책상 아래로 들어가지? 그것에 관해 얘기해보자."
"네, 저도 학교에서 그렇게 배웠어요."
"그런데 요즘에는 그게 잘못된 행동이라는 이야기가 나오고 있단다."
"네? 왜 그런 거예요?"
"옆의 그림을 보렴. 책상 아래로 들어가서 머리를 보호하고 있어. 이것만 보면 적절한 대피 행동처럼 보이지. 그런데 만약 그 아래의 그림과 같은 일이 일어난다면 어떨까?"
"이 경우엔 책상 아래로 숨는 것이 의미가 없겠네요."
"그렇지? 이런 상황이라면 1초라도 빨리 건물 밖으로 나가야 해. 그러니까 정말 그 순간에 어떤 일이 일어나고 있는지 모르면 제대로 판단할 수가 없고, 그런 상태로 책상 아래에 숨어 있기만 해서는 안 된다는 거지."

"그렇군요! 무조건 한 가지 방법만 맞는 건 아니에요!"

"그렇단다. 예상했던 그대로 재해가 일어나는 건 아니란다. 평소에 재해가 일어나면 어떻게 행동할지를 여러 상황에 맞춰 생각해두는 게 중요하단다. 예를 들면, 책상 아래에 숨어야 할 때도 머리부터 넣으면 민첩하게 행동하기가 어려워지니까 엉덩이부터 들어가는 게 좋겠다는 생각도 할 수 있지."

"정말 엉덩이부터 책상 아래로 밀어넣는 편이 움직이기가 편하네요! 저도 평소에 상황에 맞게 행동할 수 있도록 여러 가지 생각을 해볼게요. 아빠, 고맙습니다!"

| **맺음말** |

끝까지 읽어준 독자 여러분께 감사의 말씀을 전한다.

이 책은 '재해가 일어나기 전에'와 '재해가 일어났을 때'의 두 부분으로 나누어서 방재 교육에 중요한 내용을 담았다. 이 책을 읽은 후 '소중한 사람과 함께 방재를 하고 싶다'는 생각을 하는 사람이 한 사람이라도 늘어난다면 좋겠고, 그런 생각이 남녀노소 구분 없이 주변 사람들에게 널리 퍼져나가기를 진심으로 바란다.

방재 의식을 고취하는 활동을 하면서 초·중·고교 학생들에게 방재에 대해 더 알리고 싶다는 생각을 늘 해왔다.

왜냐하면 미래를 짊어질 아이들의 방재력이야말로 고령화 사회가 될 미래 일본의 방재력과 직결되기 때문이다. 그리고 할아버지, 할머니께서 포기하지 않게 만드는 것도, 엄마가 내 아이를 지키고 싶다는 마음을 가지게 하는 것도 바로 아이들 때문이고, 무엇보다 실제 재해 상황에서 아이들이 솔선해서 어른들을 구한 사례가 많이 있기 때문이다.

실제로, 영국의 열 살짜리 소녀가 많은 사람의 생명을 구한 사례가 있다. 2004년 수마트라 섬 부근 인도양에서 발생한 남아시아 쓰나미 때 태국 푸껫섬의 마이카오 해변에서 있었던 일이다. 가족과 크리스마스 휴가를 보내기 위해 이곳을 찾은 열 살짜리 이 소녀는 바다 속에서 바닷물이 내려가고 거품이 생기는 현상을 보고 쓰나미의 전조라고 주변에 있던 어른들에게 알렸다.

소녀의 엄마를 포함한 어른들은 소녀의 말에 따라 해안 호텔의 종업원들과 협력하여 해변에 있던 모든 사람을 재빨리 피난시켰다. 그리고 몇 분 후 해변에는 정말로 거대한 쓰나미가 밀려왔고, 간발의 차로 모두 피난할 수 있었다. 푸껫섬에서 약 5,000명이나 되는 희생자가 발생했지만 마이카오 해변에서만은 기적적으로 인명 피해가 발생하지 않았다.

이 소녀가 약 100명의 생명을 구할 수 있었던 것은 2주 전에 학교에서 지진과 쓰나미에 대해 배웠기 때문이라고 한다.

또한 앞서 소개한 바와 같이 2011년 3월 11일에 발생한 동일본 대지진 때는 아이들이 어른들에게 피난을 독려해서 인명 피해를 크게 줄인 '가마이시 시의 기적'도 있었다.

가마이시 시에서는 2004년부터 초등학생과 중학생에게 적극적으로 방재 교육을 해왔다. 큰 지진을 겪은 후, 평소 철저히 재해 대비를 해왔던 중학생들이 피난을 주저하던 어른들을 독려하며 함께 높은 곳으로 피난했다. 근처 유치원의 아이들을 업고 피난했다는 이야기도 있다. 자신의 생명은 물론 많은 지역 주민들의 생명을 지킨 것이다.

동일본 대지진으로 인해 가마이시 시에서는 시 인구 4만 명 중 1,000명이 넘게 희생되었다. 하지만 시내 14개 초등학교와 중학교에 다니는 학생 2,926명 중 놀랍게도 99.8퍼센트에 해당하는 2,921명이 무사했다고 한다.

이처럼 아이들이 어른을 재해에서 구한 사례는 많다. 초·중·고교에 다니는 학생들이 '나도 재해가 발생하면 많은 사람을 구할 수 있다'는 것을 자각하고 방재력을 키워나가기를 바란다.

그리고 아이들의 방재력 향상을 위해서는 무엇보다 어른들의 도움이 더 많이 필요하다.

나도 젊은 세대의 방재력, 즉 미래 일본의 방재력을 위해 내가 할 수 있는 일을 찾아서 할 생각이다.

　마지막으로, 이 책을 출판하기까지 많은 분들의 도움을 받았다. 여러 방재 전문가 중에서 내가 이 책을 낼 수 있었던 것도 모두 그분들의 도움 덕분이라 생각한다. 이런 귀중한 기회를 주신 출판사 분들, 아무것도 없는 단계부터 함께 기획해주신 스기모토 히데코 씨, 멋진 그림을 그려주신 세키네 야스코 씨, 그리고 모든 관계자분께 진심으로 감사의 말씀을 드린다.

오가와 고이치

| 에필로그 |

"아빠! 오늘 정말 유익한 것을 배웠어요!"
"다행이구나. 공부를 너무 많이 해서 피곤하겠는걸."
"네, 약간요."
"그럼, 지금 무슨 생각이 들어?"
"더 열심히 재해 예방을 해야겠다고 생각했어요! 만약에 재해가 일어나도 소중한 사람들과 함께 끝까지 살아남겠다고 생각했어요! 그리고…."
"그리고?"
"책에 몇 년도에 몇 명이 죽었다고 적혀 있었잖아요? 지금까지 많은 사람이 재해 때문에 죽었다고 생각하니까 너무 슬펐어요."
"그렇지. 재해가 일어날 때마다 누군가 희생이 되었지. 나도 너무 안타까워. 소중한 사람을 잃은 뒤에 방재의 중요성을 깨달으면 너무 늦지. 그래도 우리는 소중한 사람을 잃기 전까지는 방재의 소중함을 잘 모르고 지낸단다."
"재해가 일어날 때마다 이렇게 많은 사람이 후회하는데도요? 그래도 재해를 직접 경험하기 전까지는 그냥 남의 일인 거예요?"

"우리에게는 남에게 일어난 일을 자기 일로 받아들이는 능력이 없단다. 마치 자기 일인 것처럼 생각하는 수밖에 없단다. 누군가가 재해 때문에 느낀 슬픔을 자신도 미래에 겪게 될지도 모른다고 생각할 수 있는 게 중요한 거야."

"그렇군요. 저는 다른 사람의 슬픔을 절대 헛되이 여기지 않을래요."

"그런 마음이면 충분하단다. 좋아, 오늘은 여기까지. 다음에 또 공부하자꾸나."

"네! 아빠, 고맙습니다! 오늘 배운 걸 엄마한테 말씀드리고 올게요!"

| 참 고 자 료 |

《방재사 교본》, 특정비영리활동법인 일본방재사기구

《도쿄 방재》, 도쿄 도 총무국 종합방재부 방재관리과

《방재교육 – 학교·가정·지역을 연결하는 세계의 사례》, 쇼 라지브·시와쿠 고이치·다케우치 유키코 지음

《자연재해로부터 생명을 보호하기 위한 방재교육 매뉴얼》, 시바야마 모토히코·호코 다다키 지음

《재해지역에 관한 진짜 이야기를 하자~리쿠젠타카타 시장이 말하는 그날과 지금부터~》, 도바 후토시 지음

《사람은 모두 '나만큼은 죽지 않는다'라고 생각한다》, 야마무라 다케히코 지음

《인간은 왜 제때 도망치지 못하는가》, 히로세 히로타다 지음

《생각대로 일하지 않는 사람들_애빌린 패러독스》, 제리 하비 지음

《목조건축을 다시 본다》, 사카모토 이사오 지음

《2013년도 주택의 내진화율》, 국토교통성

《2015년도 방재백서》, 내각부

《기상청 진도 등급 관련 해설표》, 국토교통성 기상청

《쓰나미 재해 – 재해를 줄이는 사회를 만든다》, 가와타 요시아키 지음

《전국 이류 위험 지역》, 국토교통성 물관리·국토보전국

《피난 권고 등에 관한 설문조사 결과(최종판)》

《이솝 우화집》

《화산 분화 – 예측과 재해 감소를 생각한다》, 가마타 히로키 지음

《분화 경보와 분화 경계 수준》, 국토교통성 기상청

KI신서 7221
우리 가족 재난 생존법

1판 1쇄 인쇄 2017년 11월 15일
1판 1쇄 발행 2017년 11월 22일

지은이 오가와 고이치 **옮긴이** 전종훈 **감수** 우승엽
펴낸이 김영곤 **펴낸곳** (주)북이십일 21세기북스

정보개발본부장 정지은
정보개발1팀장 이남경 **책임편집** 김선영
해외기획팀 임세은 채윤지
출판영업팀 이경희 이은혜 권오권
출판마케팅팀 김홍선 배상현 최성환 신혜진 김선영 나은경
홍보기획팀 이혜연 최수아 김미임 박혜림 문소라 전효은 백세희 김세영
표지 디자인 디자인 빅웨이브 **본문 디자인** 손혜정
제휴팀 류승은 **제작팀** 이영민

출판등록 2000년 5월 6일 제406-2003-061호
주소 (우 10881) 경기도 파주시 회동길 201(문발동)
대표전화 031-955-2100 **팩스** 031-955-2151 **이메일** book21@book21.co.kr

(주)북이십일 경계를 허무는 콘텐츠 리더
21세기북스 채널에서 도서 정보와 다양한 영상자료, 이벤트를 만나세요!
페이스북 facebook.com/21cbooks **블로그** b.book21.com
인스타그램 instagram.com/21cbooks **홈페이지** www.book21.com

서울대 가지 않아도 들을 수 있는 명강의!〈서가명강〉
네이버 오디오클립, 팟빵, 팟캐스트에서 '서가명강'을 검색해보세요!

ⓒ 오가와 고이치, 2017

ISBN 978-89-509-7268-4 13690

책값은 뒤표지에 있습니다.
이 책 내용의 일부 또는 전부를 재사용하려면 반드시 (주)북이십일의 동의를 얻어야 합니다.
잘못 만들어진 책은 구입하신 서점에서 교환해드립니다.